常用成语接龙游戏

（插图金版）

芦芳 凌云 / 编著

北京日报报业集团

同心出版社

图书在版编目（CIP）数据

常用成语接龙游戏: 插图金版/ 芦芳, 凌云编著.
－北京：同心出版社，2014.12
ISBN 978-7-5477-1271-9

Ⅰ.①常…　Ⅱ.①芦… ②凌…　Ⅲ.①汉语-成语
Ⅳ.①H136.3-49

中国版本图书馆 CIP 数据核字（2014）第 159526 号

常用成语接龙游戏.插图金版

出版发行：同心出版社
地　　址：北京市东城区东单三条 8-16 号　东方广场东配楼四层
邮　　编：100005
电　　话：发行部：（010）65255876
　　　　　总编室：（010）65252135-8043
网　　址：www.beijingtongxin.com
印　　刷：北京市燕山印刷厂
经　　销：各地新华书店
版　　次：2015 年 1 月第 1 版
　　　　　2015 年 1 月第 1 次印刷
开　　本：710 毫米×1000 毫米　1/16
印　　张：12.25
字　　数：254 千字
定　　价：39.80 元

内容简介

成语接龙游戏是一种既能娱乐，又能快速增加词汇量，并且积累知识的游戏。这项游戏在我国有着悠久的历史和强大的生命力，这充分说明了成语接龙的魅力所在。本书不仅设计了长短适度的接龙游戏，还辅以成语释义、成语故事、趣味游戏等内容，让孩子在游戏间不知不觉学习成语知识，在读故事、玩游戏的轻松氛围中掌握成语的含义和用法，增加词汇储备，提高写作水平和语言表达能力。

本书内容丰富，轻松互动，图文并茂，形式活泼，是一本让家长体验亲子互动，让孩子增长知识、欢乐开怀的益智拓展读物。

前 言
FOREWORD

　　成语是汉语文学殿堂中最璀璨、最精华的语言之一，是其中最具有韵味、最具有内涵的汉语财富，是博大精深的中国传统文化里最具特色的微观风景，也是华夏文明中凝聚了先人智慧与才华的宝贵遗产，成语在传承中华文化的过程当中起到了极为重要的作用，在物质文明高速发展的今天，中华民族的传统文化受到了一定程度的冲击，如何使传统文化得到更好的继承和发展是每个中国人都应当思考的问题，汉语成语因为其简洁精练将起到关键作用。推广汉语成语，传承传统文化，应当从娃娃抓起。

　　孩子是祖国的花朵，是祖国繁荣与富强的关键，更是每一位家长的希望。如何让孩子们接受良好的传统文化教育，对传承中华民族的传统文化至关重要。在素质教育观念得到普及与认可的今天，孩子们在学习知识的同时还应该快乐地成长，在轻松愉快的氛围中学习既可以获得知识同时也可尽情享受快乐的童年生活。孩子们的快乐成长既关系着祖国的未来，也是每一位家长最真诚的期盼。那么，怎样才能让孩子在轻松快乐的氛围中学习传统文化呢？学习汉语成语可以说是很好的方法。学习成语不仅可以体悟历史、感受文明、传承智慧，还可以培养敏捷的思维能力和准确、精辟的语言表达能力，为语言增色、为文章添彩，这些对孩子们的成长都十分有利，学习汉语成语可谓一举两得，既学到了知识又体会到了学习的乐趣。

　　然而中国成语数量十分庞大，同时汉语成语背后有大量的历史故事、名诗名文、典故趣闻，对于孩子来说，这些背景知识理解和掌握起来有很大难度。如何才能既掌握尽量多的成语又不至于学起来太枯燥、太费力呢？把学习成语趣味化、游戏化、娱乐化就是一个解决问题的好方法。成语接龙是最具特色也是最广泛的文化娱乐活动，因此，编者把成语接龙作为了学习汉语成语的捷径，整理出这本成语接龙游戏，力求对孩子们学习成语有所帮助。在本书中，除了采用成语接龙来教孩子们学习成语外，还为孩子设计了很多温馨有趣的场景，

在这些场景里，可以很自热地激发孩子学习成语的兴趣，浓厚的兴趣则会激发孩子们主动学习的愿望，主动学习所达到的学习效果无疑会好很多。此外，我们更加希望本书可以成为一本增强亲子间互动的书籍，家长们在陪孩子做游戏的同时也能让孩子学习到汉语成语知识，而且可以让家长尽情享受与孩子互动的快乐，给孩子一个温馨愉悦的童年回忆。

小小的成语接龙游戏，不仅能让孩子在轻松的氛围里提高自己的阅读兴趣，更能够激发孩子的想象力、创造力和逻辑思维能力，本书是为小学生精心打造的成语学习辅导材料，书中内容充分体现了知识性与趣味性并重的特点，力求指导孩子主动地学习成语。

想让您的孩子小小年纪就妙语连珠吗？想让您的孩子学习成语就像做游戏一样轻松愉快吗？想让您的孩子体验传统文化的精髓吗？想给您的孩子一个幸福快乐的童年记忆吗？这本好玩的成语接龙一定会实现您的愿望！本书一共分为二十一章，每一章下设四个小版块：朗朗上口的成语接龙；细致详尽的成语解释；引人入胜的成语故事乐园；激发想象力与积极性的成语趣味练习题。不同版块，层层进阶，让孩子们可以快乐地学习，轻松地掌握大量成语及相关知识，成为出口成章的高手、博古通今的达人。

希望本书能够给孩子们带来学习成语的热情，让孩子们在成语的海洋里纵情遨游！

目录

CONTENTS

第三章 五彩植物观光园

三从四德 → 德高望重 → 重财轻义 → 义薄云天 → 天崩地裂 → 裂土分茅 →
茅塞顿开 → 开天辟地 → 地久天长 → 长歌当哭 → 哭笑不得 → 得不偿失 →
失时落势 → 势如破竹 → 竹篮打水 → 水滴石穿 → 穿凿附会 → 会逢其适 →
适得其反 → 反复无常 → 常年累月 → 月白风清 → 清风高节 → 节衣缩食 →
食不下咽 → 咽苦吐甘 → 甘拜下风 → 风和日丽 → 丽句清词 → 词不达意 →
意气相投 → 投机取巧 → 巧言令色 → 色厉内荏 → 荏弱无能 → 能说会道 →
道听途说 → 说三道四 → 四平八稳 → 稳如泰山

第四章 四季风光美如画

山盟海誓 → 誓死不屈 → 屈打成招 → 招兵买马 → 马到成功 → 功败垂成 →
成仁取义 → 义重情深 → 深情厚意 → 意味深长 → 长驱直入 → 入木三分 →
分秒必争 → 争先恐后 → 后发制人 → 人才辈出 → 出尔反尔 → 尔虞我诈 →
诈败佯输 → 输肝剖胆 → 胆大包天 → 天地不容 → 容光焕发 → 发号施令 →
令人发指 → 指鹿为马 → 马放南山 → 山清水秀 → 秀外慧中 → 中流砥柱 →
柱石之坚 → 坚定不移 → 移花接木 → 木已成舟 → 舟中敌国 → 国泰民安 →
安步当车 → 车载斗量 → 量体裁衣 → 衣食住行

第五章　缤纷色彩更鲜艳

行云流水 → 水到渠成 → 成人之美 → 美中不足 → 足智多谋 → 谋财害命 →
命在旦夕 → 夕阳西下 → 下笔如神 → 神通广大 → 大起大落 → 落叶归根 →
根深蒂固 → 固执己见 → 见义勇为 → 为民除害 → 害群之马 → 马首是瞻 →
瞻前顾后 → 后继有人 → 人亡家破 → 破门而入 → 入土为安 → 安邦定国 →
国计民生 → 生财有道 → 道不拾遗 → 遗臭万年 → 年轻力壮 → 壮志凌云 →
云蒸霞蔚 → 蔚然成风 → 风雨飘摇 → 摇旗呐喊 → 喊冤叫屈 → 屈指可数 →
数一数二 → 二话不说 → 说是道非 → 非同小可

第六章　风霜雨雪晚来急

可有可无 → 无中生有 → 有眼无珠 → 珠光宝气 → 气冲斗牛 → 牛头马面 →
面不改色 → 色若死灰 → 灰心丧气 → 气定神闲 → 闲言闲语 → 语惊四座 →
座无虚席 → 席地而坐 → 坐井观天 → 天不绝人 → 人财两空 → 空前绝后 →
后悔无及 → 及第成名 → 名垂千古 → 古往今来 → 来龙去脉 → 脉脉相通 →
通古达变 → 变本加厉 → 厉兵秣马 → 马马虎虎 → 虎口拔牙 → 牙牙学语 →
语短情长 → 长生不老 → 老气横秋 → 秋毫无犯 → 犯上作乱 → 乱七八糟 →
糟糠之妻 → 妻离子散 → 散闷消愁 → 愁眉苦脸

第七章　东南西北乐无边

一言九鼎 → 鼎足而三 → 三更半夜 → 夜郎自大 → 大同小异 → 异想天开 →
开门见山 → 山高水长 → 长生不死 → 死灰复燃 → 燃糠自照 → 照功行赏 →
赏心悦目 → 目瞪口呆 → 呆若木鸡 → 鸡犬升天 → 天大地大 → 大而无当 →
当机立断 → 断章取义 → 义无反顾 → 顾此失彼 → 彼唱此和 → 和蔼可亲 →
亲如手足 → 足衣足食 → 食不果腹 → 腹背受敌 → 敌众我寡 → 寡不敌众 →
众望所归 → 归之若水 → 水碧山青 → 青黄不接 → 接踵而来 → 来日方长 →
长吁短叹 → 叹为观止 → 止于至善 → 善始善终

第八章　探秘日月与星辰

终其天年 → 年幼无知 → 知难而退 → 退避三舍 → 舍近求远 → 远交近攻 →
攻无不克 → 克敌制胜 → 胜券在握 → 握手言欢 → 欢天喜地 → 地动山摇 →
摇头摆尾 → 尾大不掉 → 掉以轻心 → 心高气傲 → 傲慢无礼 → 礼贤下士 →
士饱马腾 → 腾云驾雾 → 雾里看花 → 花言巧语 → 语不投机 → 机智果断 →
断断续续 → 续凫断鹤 → 鹤立鸡群 → 群龙无首 → 首屈一指 → 指手画脚 →
脚踏实地 → 地老天荒 → 荒无人烟 → 烟波浩渺 → 渺无踪影 → 影影绰绰 →
绰绰有余 → 余波未平 → 平易近人 → 人微言轻

第九章　体育运动竞技场

举重若轻 → 轻而易举 → 举手之劳 → 劳苦功高 → 高山流水 → 水深火热 →
热火朝天 → 天真烂漫 → 漫不经心 → 心口如一 → 一文不名 → 名正言顺 →
顺藤摸瓜 → 瓜田李下 → 下落不明 → 明珠暗投 → 投其所好 → 好大喜功 →
功德无量 → 量入为出 → 出生入死 → 死里逃生 → 生机勃勃 → 勃然大怒 →
怒气冲天 → 天涯咫尺 → 尺寸之地 → 地利人和 → 和风细雨 → 雨过天晴 →
晴空万里 → 里应外合 → 合二为一 → 一叶障目 → 目无下尘 → 尘头大起 →
起早贪黑 → 黑灯瞎火 → 火上浇油 → 油嘴滑舌

第十章　人体器官分布图

舌战群儒 → 儒林丈人 → 人声鼎沸 → 沸沸扬扬 → 扬长而去 → 去恶从善 →
善眉善眼 → 眼花缭乱 → 乱箭攒心 → 心惊胆战 → 战火纷飞 → 飞来横祸 →
祸起萧墙 → 墙高基下 → 下马看花 → 花遮柳掩 → 掩过饰非 → 非驴非马 →
马失前蹄 → 蹄间三寻 → 寻死觅活 → 活灵活现 → 现身说法 → 法不责众 →
众所周知 → 知人善任 → 任人宰割 → 割席断交 → 交浅言深 → 深恶痛绝 →
绝无仅有 → 有生于无 → 无坚不摧 → 摧眉折腰 → 腰缠万贯 → 贯穿今古 →
古木参天 → 天壤之别 → 别开生面 → 面目全非

第十一章　益智谜语猜猜猜

夜长梦多 → 多此一举 → 举一废百 → 百里挑一 → 一丝不苟 → 苟且偷生 →
生吞活剥 → 剥茧抽丝 → 丝丝入扣 → 扣人心弦 → 弦外之意 → 意往神驰 →
驰名中外 → 外亲内疏 → 疏不间亲 → 亲如骨肉 → 肉山酒海 → 海波不惊

惊恐万分 → 分庭抗礼 → 礼义廉耻 → 耻居人下 → 下情上达 → 达官贵人 →
人怨神怒 → 怒发冲冠 → 冠盖如云 → 云泥之别 → 别具匠心 → 心安理得 →
得陇望蜀 → 蜀犬吠日 → 日理万机 → 机杼一家 → 家道中落 → 落荒而走 →
走为上计 → 计深虑远 → 远瞩高瞻 → 瞻云就日

第十二章　地名也来做游戏

日出不穷 → 穷凶极恶 → 恶语伤人 → 人迹罕至 → 至高无上 → 上闻下达 →
达士通人 → 人仰马翻 → 翻江倒海 → 海底捞月 → 月明星稀 → 稀世之宝 →
宝刀不老 → 老成持重 → 重男轻女 → 女扮男装 → 装疯卖傻 → 傻头傻脑 →
脑满肠肥 → 肥头大耳 → 耳聪目明 → 明知故问 → 问心无愧 → 愧悔无地 →
地老天昏 → 昏昏沉沉 → 沉鱼落雁 → 雁足传书 → 书不释手 → 手疾眼快 →
快意当前 → 前功尽弃 → 弃暗投明 → 明目张胆 → 胆战心惊 → 惊师动众 →
众口铄金 → 金口玉言 → 言过其实 → 实事求是

第十三章　歇后语也能猜成语

军令如山 → 山摇地动 → 动魄惊心 → 心花怒放 → 放虎归山 → 山长水远 →
远走高飞 → 飞蛾扑火 → 火冒三丈 → 丈二和尚 → 尚贤使能 → 能工巧匠 →
匠心独运 → 运斤成风 → 风调雨顺 → 顺手牵羊 → 羊落虎口 → 口蜜腹剑 →
剑戟森森 → 森罗万象 → 象齿焚身 → 身经百战 → 战无不胜 → 胜利在望 →
望穿秋水 → 水涨船高 → 高高在上 → 上兵伐谋 → 谋道作舍 → 舍本逐末 →

末大必折 → 折戟沉沙 → 沙里淘金 → 金玉良言 → 言而有信 → 信誓旦旦 →
旦夕之危 → 危急存亡 → 亡羊补牢 → 牢不可破

第十四章 成语兄弟对对碰

破釜沉舟 → 舟车劳顿 → 顿挫抑扬 → 扬汤止沸 → 沸反盈天 → 天下太平 →
平淡无奇 → 奇花异草 → 草菅人命 → 命世之才 → 才疏学浅 → 浅尝辄止 →
止渴思梅 → 梅妻鹤子 → 子承父业 → 业荒于嬉 → 嬉笑怒骂 → 骂天咒地 →
地下修文 → 文韬武略 → 略知皮毛 → 毛遂自荐 → 荐贤举能 → 能者为师 →
师出无名 → 名满天下 → 下里巴人 → 人定胜天 → 天马行空 → 空穴来风 →
风卷残云 → 云悲海思 → 思前想后 → 后顾之忧 → 忧国忧民 → 民生凋敝 →
敝帚千金 → 金玉满堂 → 堂堂一表 → 表里不一

第十五章 正反成语大PK

一还一报 → 报仇雪恨 → 恨之入骨 → 骨肉相连 → 连绵不绝 → 绝处逢生 →
生死与共 → 共商国是 → 是非曲直 → 直言不讳 → 讳莫如深 → 深入浅出 →
出其不意 → 意料之外 → 外强中干 → 干净利落 → 落井下石 → 石沉大海 →
海阔天空 → 空谷传声 → 声势浩大 → 大呼小叫 → 叫苦连天 → 天长日久 →
久闻大名 → 名落孙山 → 山摇地动 → 动之以情 → 情深似海 → 海晏河清 →
清尘浊水 → 水火无情 → 情投意合 → 合盘托出 → 出其不备 → 备而不用 →
用其所长 → 长眠不起 → 起死回生 → 生不逢时

第十六章 文字叠叠乐无边

时过境迁 → 迁怒于人 → 人才济济 → 济济一堂 → 堂堂正正 → 正大光明 →
明明白白 → 白发苍苍 → 苍白无力 → 力争上游 → 游山玩水 → 水落石出 →
出人意料 → 料事如神 → 神不守舍 → 舍己为人 → 人我是非 → 非亲非故 →
故土难离 → 离奇古怪 → 怪声怪气 → 气象万千 → 千钧一发 → 发上冲冠 →
冠冕堂皇 → 皇天后土 → 土崩瓦解 → 解甲归田 → 田连阡陌 → 陌路相逢 →
逢场作乐 → 乐不可言 → 言之有理 → 理直气壮 → 壮志未酬 → 酬功给效 →
效死输忠 → 忠肝义胆 → 胆大妄为 → 为人师表

第十七章 玩玩心情大转盘

本末倒置 → 置之度外 → 外柔内刚 → 刚愎自用 → 用心良苦 → 苦心经营 →
营私舞弊 → 弊车羸马 → 马上看花 → 花香鸟语 → 语妙天下 → 下笔千言 →
言听计从 → 从容不迫 → 迫不及待 → 待价而沽 → 沽名钓誉 → 誉满天下 →
下车伊始 → 始终如一 → 一网打尽 → 尽忠报国 → 国仇家恨 → 恨海难填 →
填街塞巷 → 巷尾街头 → 头昏眼花 → 花枝招展 → 展翅高飞 → 飞沙走石 →
石破天惊 → 惊弓之鸟 → 鸟枪换炮 → 炮火连天 → 天下第一 → 一败涂地 →
地大物博 → 博大精深 → 深信不疑 → 疑神疑鬼

第十八章　朝朝暮暮无穷尽

鬼哭神号 → 号天叩地 → 地广人稀 → 稀奇古怪 → 怪诞不经 → 经久不息 →
息息相关 → 关怀备至 → 至理名言 → 言不及义 → 义胆忠肝 → 肝胆相照 →
照本宣科 → 科班出身 → 身价百倍 → 倍道兼行 → 行尸走肉 → 肉眼凡夫 →
夫唱妇随 → 随遇而安 → 安之若素 → 素昧平生 → 生死相依 → 依依惜别 →
别恨离愁 → 愁肠百结 → 结草衔环 → 环肥燕瘦 → 瘦骨如柴 → 柴米油盐 →
盐梅之寄 → 寄人篱下 → 下不为例 → 例行公事 → 事必躬亲 → 亲仁善邻 →
邻女窥墙 → 墙头马上 → 上天入地 → 地坼天崩

第十九章　一字多音很神奇

饮风餐露 → 露宿风餐 → 餐风沐雨 → 雨打风吹 → 吹弹得破 → 破涕为笑 →
笑里藏刀 → 刀光剑影 → 影只形单 → 单枪匹马 → 马革裹尸 → 尸横遍野 →
野鹤闲云 → 云集响应 → 应变无方 → 方正不阿 → 阿谀奉承 → 承欢膝下 →
下马冯妇 → 妇孺皆知 → 知命乐天 → 天下为公 → 公正廉洁 → 洁身自好 →
好高骛远 → 远见卓识 → 识文断字 → 字里行间 → 间不容息 → 息事宁人 →
人浮于事 → 事无巨细 → 细水长流 → 流水无情 → 情窦初开 → 开诚布公 →
公之于众 → 众口难调 → 调嘴弄舌 → 舌灿莲花

第二十章　古诗成语我的家

花天酒地 → 地载万物 → 物竞天择 → 择木而处 → 处变不惊 → 惊涛骇浪 →
浪迹江湖 → 湖光山色 → 色艺双全 → 全军覆没 → 没世不忘 → 忘年之交 →
交头接耳 → 耳闻目睹 → 睹物思人 → 人穷志短 → 短吃少穿 → 穿壁引光
光怪陆离 → 离群索居 → 居安思危 → 危言耸听 → 听而不闻 → 闻风丧胆 →
胆小如鼠 → 鼠窃狗盗 → 盗亦有道 → 道骨仙风 → 风云变色 → 色色俱全
全知全能 → 能征惯战 → 战战兢兢 → 兢兢业业 → 业业矜矜 → 矜才使气
气吞山河 → 河鱼腹疾 → 疾风劲草 → 草木皆兵

第二十一章　大家一起来找茬

兵多将广 → 广结良缘 → 缘木求鱼 → 鱼死网破 → 破绽百出 → 出尘不染 →
染风习俗 → 俗不可耐 → 耐人咀嚼 → 嚼墨喷纸 → 纸上谈兵 → 兵不厌诈 →
诈取豪夺 → 夺门而出 → 出口成章 → 章句之徒 → 徒劳往返 → 返老还童 →
童叟无欺 → 欺世盗名 → 名存实亡 → 亡魂丧胆 → 胆颤心惊 → 惊慌失措 →
措手不及 → 及时行乐 → 乐在其中 → 中饱私囊 → 囊空如洗 → 洗耳恭听 →
听天由命 → 命中注定 → 定倾扶危 → 危机四伏 → 伏虎降龙 → 龙争虎斗 →
斗智斗力 → 力尽筋疲 → 疲于奔命 → 命小福薄

第一章
趣味数字游乐园

成语接龙乐不停

卧薪尝胆		胆小怕事
事不过三		三人成虎
虎豹豺狼		狼子野心
心口不一		一字千金
金榜题名		名不副实
实至名归		归心似箭
箭无虚发		发扬光大
大义灭亲		亲密无间

间见层出　　出神入化

化零为整　　整装待发

发荣滋长　　长幼尊卑

卑躬屈膝　　膝痒搔背

背信弃义　　义正词严

严阵以待　　待理不理

理屈词穷　　穷途末路

路人皆知　　知恩图报

报李投桃　　桃僵李代

代代相传　　传道受业

业精于勤　　勤学苦练

练达老成　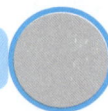　成败得失

查查成语·小·词

卧薪尝胆： 薪：柴草。春秋时越王勾践战败，睡在柴草上，经常尝一尝苦胆来激励自己一雪前耻。形容人刻苦自励，发奋图强。

胆小怕事： 胆子非常小，怕事情落在自己头上，怕惹麻烦。

事不过三： 指同样的事不宜连作三次。

三人成虎： 三个人谎报城市里有老虎，听的人就信以为真。比喻说的人多了，就能使人们把谣言当事实。

虎豹豺狼： 泛指危害人畜的各种猛兽。也比喻凶残的恶人。

狼子野心： 狼子：狼崽子。狼崽子虽幼，却有凶恶的本性。比喻凶暴的人居心狠毒，习性难改。

心口不一： 心里想的和嘴上说的不一样。形容人的虚伪、诡诈。

一字千金： 增损一字，赏予千金。称赞文辞精妙，不可更改。

金榜题名： 金榜：科举时代称殿试揭晓的榜；题名：写上名字。指科举得中。

名不副实： 副：相称，符合。名声或名义和实际不相符。指空有虚名。

实至名归： 实：实际的成就；至：达到；名：名誉；归：到来。有了真正的学识、本领或功业，自然就有声誉。

归心似箭： 想回家的心情像射出的箭一样快。形容回家心切。

箭无虚发：虚：空。形容箭术高超，百发百中。

发扬光大：发扬：发展，提倡；光大：辉煌而盛大。使好的作风、传统等得到发展和提高。

大义灭亲：大义：正义，正道；亲：亲属。为了维护正义，对犯罪的亲属不徇私情，使受到应得的惩罚。

亲密无间：间：缝隙。关系亲密，没有隔阂。形容十分亲密，没有任何隔阂。

间见层出：先后一再出现。

出神入化：神、化：指神妙的境域，极其高超的境界。形容文学艺术达到极高的成就。

化零为整：把零散的部分集中为一个整体。

整装待发：整理好行装，等待出发。

发荣滋长：草木繁茂地萌发生长，比喻某些事物苗壮地成长。

长幼尊卑：指辈分大小，地位高低。

卑躬屈膝：卑躬：低头弯腰；屈膝：下跪。形容没有骨气，低声下气地讨好奉承。

膝痒搔背：膝部发痒，却去搔背。比喻力量没有使在点子上。

背信弃义：背：违背；信：信用；弃：丢弃；义：道义。不守信用，不讲道义。

义正词严：义：道理。词：言辞。道理正当，措辞严肃。

严阵以待：摆好严整的阵势，等待来犯的敌人。形容做好完全的准备工作。

待理不理：像要管理又不答理，形容对人态度冷淡。

理屈词穷：理由已经被驳倒，无话可说。

穷途末路：形容无路可走。

路人皆知：比喻人所共知的野心。

知恩图报：图：谋划，准备。指受恩者谋划准备以后报德于恩人。

报李投桃：意思是他送给我桃儿，我以李子回赠他。比喻友好往来或互相赠送东西。

桃僵李代：原比喻兄弟友爱相助，后转用为互相顶替或代人受过。同"李代桃僵"。

代代相传：一代接一代地相继传下去。

传道受业：受：通"授"。传授道理，教授学业。

业精于勤：业：学业；精：精通；于：在于；勤：勤奋。学业精深是由勤奋得来的。

勤学苦练：认真学习，刻苦训练。

练达老成：老练稳重。

成败得失：得：得利；失：失利。成功与失败，得到的与丢掉的。

成语故事大观园

卧薪尝胆

　　春秋时期，吴王夫差凭着自己国力强大，领兵攻打越国。结果越国战败，越王勾践于是被抓到吴国。吴王为了羞辱越王，派他去从事看墓与喂马这些奴仆才做的工作。越王心里虽然很不服气，但仍然极力装出忠心顺从的样子。吴王出门时，他走在前面牵着马；吴王生病时，他在床前尽力照顾，吴王看他这样尽心伺候自己，觉得他对自己非常忠心，最后就允许他返回越国。

　　越王回国后，决心洗刷自己在吴国当囚徒的耻辱。为了告诫自己不要忘记复仇雪恨，他每天睡在坚硬的木柴上，还在门上吊一颗苦胆，吃饭和睡觉前都要品尝一下，为的就是要让自己记住教训。除此之外，他还经常到民间视察民情，替百姓解决问题，让人民安居乐业，同时加强军队的训练。

　　经过十年的艰苦奋斗，越国变得国富兵强，于是越王亲自率领军队进攻吴国，并取得胜利，吴王夫差羞愧得在战败后自杀。后来，越国又乘胜进军中原，成为春秋末期的一大强国。

趣味游戏乐翻天

一、成语接龙考考你

呆 若 木 飞 蚤 □ 起 不 抱

平 并 观 烂 真 不 经

心 应 自 然 神 旷

舞 足 常 袭 作 高

□ 不 生 交 绝 游 逃 里

入 生 浅 入

二、填数字组成语

	干		净
独		无	

不		不	
说		道	

	颜		色
	音		律

	零		落
横		竖	

三、看图猜成语

牛 牛 牛
牛 牛 牛
牛 牛 牛
毛

☀ 3
☾★ 4

( )　　　　( )　　　　( )

得 得　　七　　語言語言
举　　八

( )　　　　( )　　　　( )

8

第二章
小动物和你大联欢

成语接龙乐不停

月黑风高		高不可攀
攀龙附凤		凤凰来仪
仪态万千		千变万化
化腐成奇		奇货可居
居心不良		良师益友
友风子雨		雨覆云翻
翻来覆去		去伪存真
真才实学		学富五车

常用成语接龙游戏

车水马龙　　龙马精神

神采飞扬　　扬长避短

短兵相接　　接二连三

三心二意　　意气风发

发家致富　　富国安民

民不聊生　　生离死别

别具一格　　格格不入

入不敷出　　出奇制胜

胜任愉快　　快人快语

语重心长　　长风破浪

浪子回头　　头头是道

道而不径　　径一周三

查查成语·小·词典

月黑风高：没有月光风也很大的夜晚，比喻险恶的环境。

高不可攀：攀：抓住高处的东西向上爬。高得手也攀不到。形容难以达到，也形容人高高在上，使人难以接近。

攀龙附凤：指巴结投靠有权势的人以获取富贵。

凤凰来仪：仪：容仪。凤凰来舞，仪表非凡。古代指吉祥的征兆

仪态万千：仪态：姿态，容貌。形容容貌、姿态各方面都很美。

千变万化：形容变化极多。

化腐成奇：指变坏为好，变死板为灵巧或变无用为有用。

奇货可居：指把少有的货物囤积起来，等待高价出售。也比喻拿某种专长或独占的东西作为资本，等待时机，以捞取名利地位。

居心不良：居心：存心；良：善。存心不善。指内心存在着恶意或阴谋。

良师益友：良：好；益：有帮助。使人得到教益和帮助的好老师和好朋友。

友风子雨：指云。云以风为友，以雨为子。盖风与云并行，雨因云而生。

雨覆云翻：比喻变化无常。

翻来覆去： 形容一次又一次，也形容来回翻动身体。

去伪存真： 除掉虚假的，留下真实的。

真才实学： 真正的才能和学识。

学富五车： 五车：指五车书。形容读书多，学识丰富。

车水马龙： 车像流水，马像游龙。形容来往车马很多，连续不断的热闹情景。

龙马精神： 龙马：古代传说中形状像龙的骏马。比喻人精神旺盛。

神采飞扬： 形容兴奋得意，精神焕发的样子。

扬长避短： 发挥或发扬优点或有利条件，克服或回避缺点或不利条件。

短兵相接： 短兵：刀剑等短兵器；接：交战。指近距离搏斗。比喻面对面地进行激烈的斗争。

接二连三： 一个接着一个，接连不断。

三心二意： 又想这样又想那样，犹豫不定。常指不安心，不专一。

意气风发： 意气：意志和气概；风发：像风吹一样迅猛。形容精神振奋，气概豪迈。

发家致富： 发展家业，使家庭变得富裕起来。

富国安民： 使国家富强，人民安居乐业。

民不聊生: 聊:依赖,凭借。指老百姓无以为生,活不下去。

生离死别: 分离好像和死者永别一样。指很难再见的离别或永久的离别。

别具一格: 别:另外。另有一种独特的风格。

格格不入: 格格:阻碍,隔阂。形容彼此不协调,不相容。

入不敷出: 敷:够,足。收入不够支出。

出奇制胜: 奇:奇兵,奇计;制:制服。出奇兵战胜敌人。比喻用对方意料不到的方法取得胜利。

胜任愉快: 胜任:能力足以担任。指有能力担当某项任务或工作,而且能很好地完成。

快人快语: 快:爽快,痛快。直爽的人说直爽的话。

语重心长: 话深刻有力,情意深长。

长风破浪: 比喻志向远大,不怕困难,奋勇前进。

浪子回头: 浪子:二流子。不务正业的人改邪归正。

头头是道: 本为佛家语,指道无所不在。后多形容说话做事很有条理。

道而不径: 道:走路。径:小路。走路要走大路而不走小路,以免遇到危险。

径一周三: 径:圆的半径;周:圆的周长。即圆的半径与圆的周长比为1:3,比喻两者相差很远。

成语故事大观园

奇货可居

战国时,大商人吕不韦到赵国的京城邯郸做生意。一个很偶然的机会,他发现秦昭王的孙子异人,正在赵国当人质。

当时,秦赵两国经常交战,赵国有意降低异人的生活标准,弄得他非常贫苦。吕不韦知道这个情况后,不禁自言自语:"此奇货可居也。"意思是把异人当作珍奇的物品贮藏起来,等候机会,卖个大价钱。

吕不韦首先拿出一大笔钱,结识了异人。他对异人说:"我想办法,让秦国把你赎回去,然后立为太子,那么,你就是未来的秦国国君。你意下如何?"异人又惊又喜地说:"那是我求之不得的好事,真有那一天,我一定重重报答你。"吕不韦立即到秦国,用重金贿赂安国君左右的亲信,把异人赎回秦国。

安国君最宠爱的华阳夫人没有儿子。吕不韦给华阳夫人送去大量奇珍异宝,让华阳夫人收异人为嗣子。秦昭王死后,安国君即位,立异人为太子。孝文王死去,异人即位为王,即庄襄王。

庄襄王非常感激吕不韦拥立之恩,拜吕不韦为丞相,封文信侯,并将河南洛阳一带的十二个县作为其封地,以十万户的租税作为其俸禄。庄襄王死后,太子政即位,即秦始皇,称吕不韦为仲父。吕不韦权倾天下。

趣味游戏乐翻天

一、成语接龙考考你

	地	罗
开		包
一		大

地
久
天

改 不

厉
内
荏

张
目

驱
直

不
历

木 三 庭 抗 尚 往

二、十二生肖归各位

老 □ 识 途

闻 □ 起 舞

□ 朋 狗 友

卧 □ 藏 龙

守 株 待 □

打 草 惊 □

亡 □ 补 牢

对 □ 弹 琴

投 □ 忌 器

□ 马 精 神

杀 鸡 儆 □

□ 尾 续 貂

16

三、填动物组成语

飞禽类	雀、凤、鸠、鹤、鹦鹉、鹏
走兽类	猿、狮、虎、象、豹、狐
昆虫类	蚍蜉、蝉、蛾、蛛、蜻蜓、蝇
水中类	鳖、鲸、鱼、虾、龙、蚌

格一

焚	琴	煮	
骑		难	下
瓮	中	捉	
	丝	马	迹

格二

门	可	罗	
河	东		吼
蚕	食		吞
飞		扑	火

格三

	程	万	里
管	中	窥	
	目	混	珠
	营	狗	苟

格四

		学	舌
盲	人	摸	
	兵	蟹	将
金		脱	壳

格五

	毛	麟	角
兔	死		悲
攀		附	凤
		点	水

格六

	占	鹊	巢
心		意	马
老		生	珠
		撼	树

常用成语接龙游戏

第三章
五彩植物观光园

成语接龙乐不停

三从四德		德高望重
重财轻义		义薄云天
天崩地裂		裂土分茅
茅塞顿开		开天辟地
地久天长		长歌当哭
哭笑不得		得不偿失
失时落势		势如破竹
竹篮打水		水滴石穿

穿凿附会		会逢其适
适得其反		反复无常
常年累月		月白风清
清风高节		节衣缩食
食不下咽		咽苦吐甘
甘拜下风		风和日丽
丽句清词		词不达意
意气相投		投机取巧
巧言令色		色厉内荏
荏弱无能		能说会道
道听途说		说三道四
四平八稳		稳如泰山

查查成语·小词典

三从四德： 封建礼教束缚妇女的道德标准之一。

德高望重： 德：品德；望：声望。道德高尚，名望很大。

重财轻义： 指人看重财利而轻视道义。

义薄云天： 正义之气直上高空。形容为正义而斗争的精神极其崇高。

天崩地裂： 像天塌下、地裂开那样。比喻重大的事变。

裂土分茅： 指受封为诸侯。古代天子分封诸侯时，用白茅裹着社坛上的泥土授予被封者，象征土地和权力。

茅塞顿开： 原来心里好像有茅草堵塞着，现在忽然被打开了。形容思想忽然开窍，立刻明白了某个道理。

开天辟地： 据古代神话传说，盘古氏开辟天地，开始有人类历史。后常比喻空前的、自古以来没有过的。

地久天长： 时间长，日子久。

长歌当哭： 长歌：长声歌咏，也指写诗；当：当作。用长声歌咏或写诗文来代替痛哭，借以抒发心中的悲愤。

哭笑不得： 哭也不好，笑也不好。形容很尴尬。

得不偿失： 偿：抵得上。所得的利益抵偿不了所受的损失。

失时落势：指时运不济。

势如破竹：势：气势，威力。形势就像劈竹子，头上几节破开以后，下面各节顺着刀势就分开了。比喻节节胜利，毫无阻碍。

竹篮打水：比喻白费气力，劳而无功。

水滴石穿：水不停地滴，石头也能被滴穿。比喻只要有恒心，不断努力，事情就一定能成功。

穿凿附会：穿凿：把讲不通的硬要讲通；附会：把不相干的事拉在一起。把讲不通的或不相干的道理、事情硬扯在一起进行解释。

会逢其适：会：恰巧，适逢；适：往。原指恰巧走到那儿了。转指正巧碰上了那件事。

适得其反：适：正，恰好。恰恰得到与预期相反的结果。

反复无常：无常：变化不定。形容常常变化，一会儿是这样，一会儿又是那样，变动不定。

常年累月：长年：整年；累月：很多个月。形容经过了很多年月。

月白风清：形容幽静美好的夜晚。

清风高节：比喻人品格纯洁，节操高尚。

节衣缩食：节、缩：节省。省吃省穿。形容节约。

食不下咽：食物虽在口中但咽不下去。形容忧心忡忡，不思饮食。

咽苦吐甘：指母亲自己吃粗劣食物，而以甘美之物哺育婴儿。形容母爱之深。

甘拜下风： 表示真心佩服，自叹不如。

风和日丽： 和风习习，阳光灿烂。形容晴朗暖和的天气。

丽句清词： 华丽清新的辞句。

词不达意： 词：言词；意：意思。指词句不能确切地表达出意思和感情。

意气相投： 意气：志趣性格；投：合得来。指志趣和性格相同的人，彼此投合。

投机取巧： 指用不正当的手段谋取私利。也指靠小聪明占便宜。

巧言令色： 巧言：花言巧语；令色：讨好的表情。形容花言巧语，虚伪讨好。

色厉内荏： 色：神色，样子；厉：凶猛；荏：软弱。外表强硬，内心虚弱。

荏弱无能： 荏弱：软弱。软弱且没有能力。

能说会道： 形容很会讲话。

道听途说： 道、途：路。路上听来的、路上传播的话。泛指没有根据的传闻。

说三道四： 形容不负责任地胡乱议论。

四平八稳： 原形容身体各部位匀称、结实。后常形容说话做事稳当。也形容做事只求不出差错，缺乏积极创新精神。

稳如泰山： 形容像山一样稳固，不可动摇。

成语故事大观园

势如破竹

三国时，司马炎当上晋国的皇帝，史称晋武帝。他吞并了蜀国后，又出兵灭吴，准备统一中国。司马炎召集大臣们商量灭吴大计，许多人主张不应马上灭吴，等积蓄了足够的兵力再说。因此，司马炎一直下不了决心。

这时，大将杜预写了一道奏章给司马炎，认为必须乘吴国衰弱的机会，一举歼灭。司马炎看了杜预的奏章，找大臣张华征求意见。张华劝司马炎趁早伐吴。司马炎便下了决心，封杜预为征南大将军，南下灭吴。

公元279年，晋武帝司马炎调动二十多万兵马，分成六路，讨伐吴国。第二年，杜预攻占了江陵斩了吴将伍延。沅江、湘江以南的吴军闻风丧胆，纷纷开城投降。接着，司马炎下诏，命杜预从水路向吴国国都建业进发。有人担心吴国立国长久，一下子歼灭它不切实际，主张把战役推迟到冬天。杜预坚决反对退兵，他说："如今晋军斗志昂扬，犹如利刀劈竹子，劈过几节后，就迎刃破裂，灭吴不会再费大的气力了！"在杜预的指挥下，晋军一鼓作气，攻占了吴国国都建业，终于统一了全国。

趣味游戏乐翻天

一、成语接龙考考你

退 避 三 ☐
近
求 山
☐ 走 飞
水
☐ 长 久 ☐
攻
不
下

二、梅兰竹菊连连看

梅

兰

竹

菊

金（　）之友

（　）妻鹤子

势如破（　）

（　）老荷枯

望（　）止渴

吐气如（　）

胸有成（　）

持螯封（　）

（　）篮打水

盐（　）之寄

蕙质（　）心

春兰秋（　）

三、看图片选成语

根据图片选择与其相对应的成语和赞美过它的诗人。

傲骨峥嵘　四季常青　出水芙蓉
国色天香　绿茵遍野

韩愈　杨万里　刘禹锡
杜甫　白居易

牡丹

惟有牡丹真国色，
花开时节动京城。

（　　　　　）（　　　　　）

松树

有松百尺大十围，生在洞底寒且卑。
洞深山险人路绝，老死不逢工度之。

（　　　　　）（　　　　　）

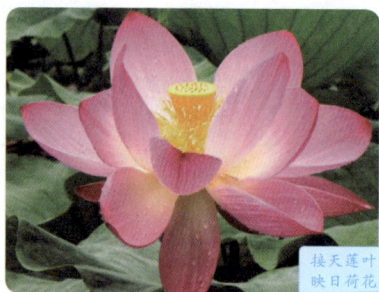

荷花

接天莲叶无穷碧，
映日荷花别样红。

（　　　　　）（　　　　　）

柏树

落落盘踞虽得地，
冥冥孤高多烈风。

（　　　　　）（　　　　　）

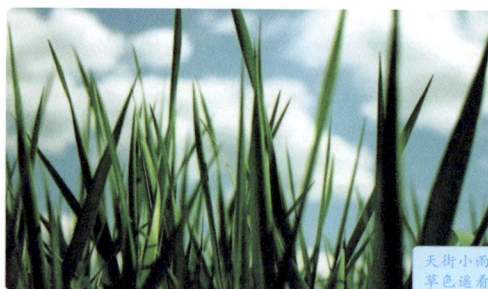

小草

天街小雨润如酥，
草色遥看近却无。

（　　　　　）（　　　　　）

第四章
四季风光美如画

成语接龙乐不停

山盟海誓		誓死不屈
屈打成招		招兵买马
马到成功		功败垂成
成仁取义		义重情深
深情厚意		意味深长
长驱直入		入木三分
分秒必争		争先恐后
后发制人		人才辈出

出尔反尔　　　　尔虞我诈

诈败佯输　　　　输肝剖胆

胆大包天　　　　天地不容

容光焕发　　　　发号施令

令人发指　　　　指鹿为马

马放南山　　　　山清水秀

秀外慧中　　　　中流砥柱

柱石之坚　　　　坚定不移

移花接木　　　　木已成舟

舟中敌国　　　　国泰民安

安步当车　　　　车载斗量

量体裁衣　　　　衣食住行

查查成语小词典

山盟海誓： 盟：盟约；誓：誓言。指男女相爱时立下的誓言，表示爱情要像山和海一样永恒不变。

誓死不屈： 立誓宁死也不屈服。

屈打成招： 屈：冤枉；招：招供。指无罪的人冤枉受刑，被迫招认有罪。

招兵买马： 旧时指组织或扩充武装力量。后比喻组织或扩充人力。

马到成功： 形容工作刚开始就取得成功。

功败垂成： 垂：接近，快要。事情在将要成功的时候却失败了。

成仁取义： 成仁：杀身以成仁德；取义：舍弃生命以取得正义。为正义而牺牲生命。

义重情深： 情意深重。

深情厚意： 深厚的感情和友谊。

意味深长： 意味：情调，趣味。意指含蓄深远，耐人寻味。

长驱直入： 长驱：不停顿地策马快跑；直入：一直往前。指长距离不停顿地快速行进。形容进军迅猛，不可阻挡。

入木三分： 相传王羲之在木板上写字，木工刻时，发现字迹透入木板三分深。形容书法极有笔力。现多比喻分析问题很深刻。

分秒必争： 一分一秒也一定要争取。形容抓紧时间。

争先恐后： 抢着向前，唯恐落后。

后发制人： 发：发动；制：控制，制服。等对方先动手，再抓住有利时机反击，制服对方。

人才辈出： 辈出：一批一批地出现。形容有才能的人不断涌现。

出尔反尔： 尔：你；反：通"返"，回。原意是你怎样对付别人，别人就会怎样对待你。现指人的言行反复无常，前后自相矛盾。

尔虞我诈： 尔：你；虞、诈：欺骗。表示彼此互相欺骗。

诈败佯输： 诈、佯：假装。假装败阵，引人上当。

输肝剖胆： 比喻对人极为忠诚。

胆大包天： 包：包容。形容胆子极大。

天地不容： 天地：天地之间，人世间。容：宽容。天地所不能容纳。指大逆不道、罪孽深重的人与事。

容光焕发： 容光：脸上的光彩；焕发：光彩四射的样子。形容身体好，精神饱满。

发号施令： 号：号令；施：发布。发布命令。现在也用来形容指挥别人。

令人发指： 发指：头发竖起来。使人头发都竖起来了。形容使人极度愤怒。

指鹿为马： 指着鹿，说是马。比喻故意颠倒黑白，混淆是非。

马放南山： 比喻天下太平，不再用兵。现在用来形容思想麻痹。

山清水秀： 形容风景优美。

秀外慧中： 秀：秀丽；慧：聪明。外表秀丽，内心聪明。

中流砥柱： 就像屹立在黄河急流中的砥柱山一样。比喻坚强独立的人能在动荡艰难的环境中起支柱作用。

柱石之坚： 像柱石一样坚硬。比喻大臣坚强可靠，能担负国家重任。

坚定不移： 移：改变，变动。稳定坚强，毫不动摇。

移花接木： 把一种花木的枝条或嫩芽嫁接在另一种花木上。比喻暗中用手段更换人或事物来欺骗别人。

木已成舟： 树木已经做成了船。比喻事情已成定局，无法改变。

舟中敌国： 同船的人都成了敌人。比喻众人反对，当事者十分孤立。

国泰民安： 泰：平安，安定。国家太平，人民安乐。

安步当车： 安：安详，不慌忙；安步：缓缓步行。以从容的步行代替乘车。

车载斗量： 载：装载。用车载，用斗量。形容数量很多，不足为奇。

量体裁衣： 按照身材裁剪衣服。比喻按照实际情况办事。

衣食住行： 泛指穿衣、吃饭、住房、行路等生活上的基本需要。

成语故事大观园

入木三分

王羲之是我国古代一位杰出的书法家，在历史上享有很高的声誉，被后人称为"书圣"。

他写的字既秀丽，又很苍劲，这是非常不容易的；想想看，一般秀丽的字会显得柔软，而苍劲的字则显得粗硬，但是他竟能脱尘出俗，二者兼善，可见他书法的功力之深，这恐怕不是天生具备，而是靠后天勤学苦练而得来的。

有一天，他把字写在木板上，拿给刻字的人照着雕刻。这个人先用刀削木板，却发现笔迹竟然透进木板里有三分深度，这件事情可是轰动了整个京城，"入木三分"也就成了人人皆知的成语了。用毛笔写字在木板上，而笔迹还能透进三分的深度，除了身怀绝技的人还有谁会有这种能力呢？可以想见这位"书圣"所写的字，笔力非常雄厚，已经到了炉火纯青的地步。

于是，后来的人便根据这段故事的情节，直接把"入木三分"，用来形容人们写文章，或者是说话的内容非常深刻。

趣味游戏乐翻天

一、成语接龙考考你

奋 不 顾 □ 临 其 □ □ 由 心 □

□ 足 无 □ 荣 卖 □ 家 生

无 大 不

薄 吁 短 叹 尽 事

言 力 宁

微 心 重 声

□ 飞 言 溯 源 鼎

保

哲 □ 内 简 □ 中 名 扬 沸

二、成语连连看

看成语，选择与之相对应的季节。

白雪皑皑

春暖花开

银装素裹

绿草如茵

烈日炎炎

骄阳似火

秋色宜人

雁过留声

春

夏

秋

冬

三、看图片选成语

选择与下列图片相对应的成语。

春光明媚　　红叶缤纷　　银装素裹　　绿树成荫

（　　）

（　　）

（　　）

（　　）

第五章
缤纷色彩更鲜艳

成语接龙乐不停

行云流水		水到渠成
成人之美		美中不足
足智多谋		谋财害命
命在旦夕		夕阳西下
下笔如神		神通广大
大起大落		落叶归根
根深蒂固		固执己见
见义勇为		为民除害

害群之马　马首是瞻

瞻前顾后　后继有人

人亡家破　破门而入

入土为安　安邦定国

国计民生　生财有道

道不拾遗　遗臭万年

年轻力壮　壮志凌云

云蒸霞蔚　蔚然成风

风雨飘摇　摇旗呐喊

喊冤叫屈　屈指可数

数一数二　二话不说

说是道非　非同小可

查查成语小·词典

行云流水： 形容文章自然不受约束，就像漂浮着的云和流动着的水一样。

水到渠成： 渠：水道。水流到的地方自然形成一条水道。比喻条件成熟，事情自然会成功。

成人之美： 成：成就。成全别人的好事。

美中不足： 大体很好，但还有不足。

足智多谋： 足：充实，足够；智：聪明、智慧；谋：计谋。富有智慧，善于谋划。形容人善于料事和用计。

谋财害命： 为了劫夺财物，害人性命。

命在旦夕： 旦夕：早晚之间，形容极短的时间。生命垂危，很快会死去。

夕阳西下： 指傍晚日落时的景象。也比喻迟暮之年或事物走向衰落。

下笔如神： 指写起文章来，文思奔涌，如有神力。形容文思敏捷，善于写文章或文章写得很好。

神通广大： 神通：原是佛家语，指神奇的法术。法术广大无边。形容本领高超，无所不能。

大起大落： 大幅度地起落。形容变化大。

落叶归根： 飘落的枯叶，掉在树木根部。比喻事物有一定的归宿。多指客居他乡的人，终要回到故乡。

根深蒂固：比喻基础深厚，不容易动摇。

固执己见：顽固地坚持自己的意见，不肯改变。

见义勇为：看到正义的事，就勇敢地去做。

为民除害：替百姓除祸害。

害群之马：危害马群的劣马。比喻危害社会或集体的人。

马首是瞻：瞻：往前或向上看。原指作战时士卒看着主将马头的方向，决定进退。比喻追随某人行动。

瞻前顾后：瞻：向前看；顾：回头看。看看前面，又看看后面。形容做事之前考虑周密慎重。也形容顾虑太多，犹豫不决。

后继有人：继：继承。有后人继承前人的事业。

人亡家破：家庭破产，人口死亡。形容家遭不幸的惨象。

破门而入：砸开门进去。多指盗贼行为。

入土为安：旧时土葬，人死后埋入土中，死者方得其所，家属方觉心安。

安邦定国：邦：泛指国家。使国家安稳巩固。

国计民生：国家经济和人民生活。

生财有道：原指生财有个大原则，后指搞钱很有办法。

道不拾遗： 遗：失物。路上没有人把别人丢失的东西拾走。形容社会风气好。

遗臭万年： 遗臭：死后留下的恶名。死后恶名一直流传，永远被人唾骂。

年轻力壮： 壮：健壮。年纪轻，体力强。

壮志凌云： 壮志：宏大的志愿；凌云：直上云霄。形容理想宏伟远大。

云蒸霞蔚： 蒸：上升；蔚：聚集。像云霞升腾聚集起来。形容景物灿烂绚丽。

蔚然成风： 蔚然：草木茂盛的样子。指一件事情逐渐发展盛行，形成一种良好风气。

风雨飘摇： 飘摇：飘荡。在风雨中飘荡不定。比喻局势动荡不安，很不稳定。

摇旗呐喊： 原指古代作战时摇着旗子，大声喊杀助威。现比喻给别人助长声势。

喊冤叫屈： 为遭受冤屈而喊叫。

屈指可数： 形容数目很少，扳着手指头就能数过来。

数一数二： 不算第一也算第二。形容突出。

二话不说： 不说任何别的话。指立即行动。

说是道非： 评说是非。也指搬弄口舌。同"说是谈非"。

非同小可： 小可：寻常的。指情况严重或事情重要，不能轻视。

成语故事大观园

害群之马

黄帝是中华民族的祖先。

一次，黄帝要去具茨山，却在襄城迷了路。这时，他遇到了一位放马的男孩，便问他："你知道具茨山在什么地方吗？"男孩回答说："知道。"黄帝又问："你知道大院的住处吗？"男孩也回答说知道。黄帝听后心里很高兴，说："孩子，你真了不起，既知道具茨山，又知道大院住的地方。那我再问你，你知道如何治理天下吗？"男孩回答说："治理天下也没有什么大不了的。前几年，我在外游历，当时还生着病，有位长辈对我说：'你在外游历的时候，要注意日出而游，日落而息！'我现在身体好多了，打算去更多的地方。所谓治理天下，也不过如此罢了。"黄帝觉得男孩很聪明，便再次要男孩回答究竟如何治理天下。男孩只得说："治理天下的人，其实与放马的人没什么两样，只不过要将危害马群的坏马驱逐出去而已！"

黄帝很满意男孩的回答，称他为"天师"，并恭恭敬敬地对他拜了几拜，然后才离开。

趣味游戏乐翻天

一、成语接龙考考你

七	步	成		情	画		味	深

深 → 驱 → 直

之		不	毫		三	木		直

于

脂	民		腴	之		狭	人	

人 → 广

知	周	所	

二、连线补成语

将下列成语和与其相对应的颜色连接起来。

赤
橙
黄
绿
青
蓝
紫
黑
白

姹（ ）嫣红

（ ）灯瞎火

灯红酒（ ）

黑（ ）分明

面红耳（ ）

青（ ）不接

青出于（ ）

丹（ ）妙手

（ ）黄橘绿

三、看图选成语

选择合适的成语形容图片。

绿水青山　　白驹过隙　　一碧千里　　洁白无瑕

青梅竹马　　红红火火　　漆黑一团　　赤地千里

（　　　　）

（　　　　）

（　　　　）

（　　　　）

（　　　　）

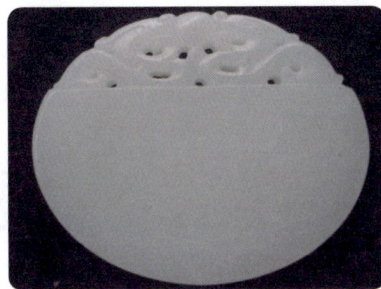
（　　　　）

（　　　　）

（　　　　）

常用成语接龙游戏

第六章
风霜雨雪晚来急

成语接龙乐不停

可有可无		无中生有
有眼无珠		珠光宝气
气冲斗牛		牛头马面
面不改色		色若死灰
灰心丧气		气定神闲
闲言闲语		语惊四座
座无虚席		席地而坐
坐井观天		天不绝人

人财两空	○	空前绝后
后悔无及	○	及第成名
名垂千古	○	古往今来
来龙去脉	○	脉脉相通
通古达变	○	变本加厉
厉兵秣马	○	马马虎虎
虎口拔牙	○	牙牙学语
语短情长	○	长生不老
老气横秋	○	秋毫无犯
犯上作乱	○	乱七八糟
糟糠之妻	○	妻离子散
散闷消愁	○	愁眉苦脸

查查成语小词典

可有可无： 可以有，也可以没有。指有没有都无关紧要。

无中生有： 道家认为，天下万物生于有，有生于无。把没有的说成有。比喻毫无事实，凭空捏造。

有眼无珠： 珠：眼珠。没长眼珠子。用来责骂人瞎了眼，看不见某人或某事物的伟大或重要。

珠光宝气： 珠、宝：指首饰；光、气：形容闪耀着光彩。旧时形容妇女服饰华贵富丽，闪耀着珍宝的光色。

气冲斗牛： 气：气势；牛、斗：即牵牛星和北斗星，指天空。形容怒气冲天或气势很盛。

牛头马面： 迷信传说中的两个鬼卒，一个头像牛，一个头像马。比喻各种丑恶的人。

面不改色： 脸色不变。形容从容镇静的样子。

色若死灰： 面目惨白。原比喻面部没有什么表情。现形容十分害怕的神情。

灰心丧气： 灰心：心如熄灭了的死灰；丧：失去。形容因失败或不顺利而失去信心，意志消沉。

气定神闲： 心情平和，平静，不浮躁，情绪平和，态度冷静。

闲言闲语： 指不满意的话或没有根据的话。

语惊四座： 四座：周围在座的人。形容发言独特、新奇，使人震惊。

座无虚席： 虚：空。座位没有空着的。形容出席的人很多。

席地而坐： 泛指在地上坐。

坐井观天： 坐在井底看天。比喻眼界小，见识少。

天不绝人： 天不使人处于绝境。常指绝处逢生或得救。

人财两空： 人和钱财都无着落或都有损失。

空前绝后： 从前没有过，今后也不会再有。夸张性地形容独一无二。

后悔无及： 后悔已经来不及了。

及第成名： 及第：科举时代考试中选。通过考试并得到功名。

名垂千古： 比喻好名声永远流传。

古往今来： 从古到今。泛指很长一段时间。

来龙去脉： 本指山脉的走势和去向。现比喻一件事的前因后果。

脉脉相通： 血管彼此相通。比喻关系密切。

通古达变： 通晓古代的学问，根据实际情况灵活行事。

变本加厉： 厉：猛烈。指在原来的基础上更加发展。现指情况变得比本来更加严重。

厉兵秣马： 厉：同"砺"，磨；兵：兵器；秣：喂牲口。磨好兵器，喂好马。形容准备战斗。

马马虎虎： 指还过得去。也形容做事不认真，不仔细。

虎口拔牙： 从老虎嘴里拔牙。比喻做十分危险的事情。

牙牙学语： 形容婴儿咿咿呀呀地学大人说话。

语短情长： 语言简短，情意深长。

长生不老： 长生：永生。原为道教的话，后也用作对年长者的祝愿语。

老气横秋： 老气：老年人的气派；横：充满。形容老练而自负的神态。现形容自高自大，摆老资格。也形容缺乏朝气。

秋毫无犯： 秋毫：鸟兽秋天新换的绒毛，比喻极细微的东西；犯：侵犯。指军纪严明，丝毫不侵犯人民的利益。

犯上作乱： 犯：干犯。封建统治者指人民的反抗、起义。

乱七八糟： 形容无秩序，无条理，乱得不成样子。

糟糠之妻： 糟糠：穷人用来充饥的酒渣、米糠等粗劣食物。借指共过患难的妻子。

妻离子散： 一家子被迫分离四散。

散闷消愁： 指通过消遣，解除愁闷。

愁眉苦脸： 皱着眉头，哭丧着脸。形容愁苦的神色。

成语故事大观园

坐井观天

在一口废井里，住着一只青蛙。

一天，青蛙在井边碰见一只从东海来的大鳖。青蛙自豪地对海鳖夸口说："你看，我住在这里多么惬意呀！我要高兴，就在井边跳跃游玩，累了就到井壁石洞里休息。有时把身子舒服地泡在水里，有时愉快地在稀泥中散散步。你看旁边的那些小虫、螃蟹和蝌蚪，它们谁能比得上我呢！我独自占据这口废井，多么自由自在！先生为什么不经常到井中观赏游玩呢？"

海鳖听了青蛙的一番高谈阔论，就想进入井中看看。可是，它的左脚还没有完全伸进去，右脚就被井栏绊住了。它只好后退几步，把它看到的大海的情景告诉青蛙："你见过大海吗？海的广大，岂止千里；海的深度，何止千丈。古时候，十年里就有九年闹水灾，海水并不因此增多；八年里就有七年闹旱灾，海水却不因此而减少。大海不受旱涝影响，住在广阔无垠的大海里才是真正的快乐。"

趣味游戏乐翻天

一、成语接龙考考你

| 大 | 功 | 告 | | 百 | 上 | | 载 | 难 |

| | | | | | | | | 凶 |

| 奋 | | 风 | 气 | | 如 | 祥 | | 化 |

| 图 |

| |

| 人 | 所 | | 解 | 难 | | 秒 | 必 | |

| | | | | | | | | 先 |

| | | | | | | | 后 | 恐 |

二、成语连连看

把下面的天气现象与和它对应的成语连起来。

风

霜

雨

雪

（　）后春笋
（　）驰电掣
履（　）之戒
鹅毛大（　）
北（　）呼啸
囊萤映（　）
饱经（　）（　）
（　）过天晴

三、补充成语

在空格中填入一个字是成语完整。

未		绸	缪
风	调		顺

云	淡		轻
凄		苦	雨

冰	天		地
瑞		纷	飞

冷	若	冰	
风	刀		剑

常用成语接龙游戏

第七章
东南西北乐无边

成语接龙乐不停

一言九鼎		鼎足而三
三更半夜		夜郎自大
大同小异		异想天开
开门见山		山高水长
长生不死		死灰复燃
燃糠自照		照功行赏
赏心悦目	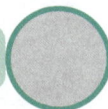	目瞪口呆
呆若木鸡		鸡犬升天

天大地大	○	大而无当
当机立断	○	断章取义
义无反顾	○	顾此失彼
彼唱此和	○	和蔼可亲
亲如手足	○	足衣足食
食不果腹	○	腹背受敌
敌众我寡	○	寡不敌众
众望所归	○	归之若水
水碧山青	○	青黄不接
接踵而来	○	来日方长
长吁短叹	○	叹为观止
止于至善	○	善始善终

查查成语小词典

一言九鼎： 形容说的话分量大，能起很大的作用。

鼎足而三： 鼎足：鼎的腿。比喻三方面对立的局势，也泛指三个方面。

三更半夜： 古时一夜分为五更，三更是午夜十二时。指深夜。

夜郎自大： 夜郎：汉代西南地区的一个小国。比喻无知而又狂妄自大。

大同小异： 大部分相同，只有小部分不同。

异想天开： 形容想法离奇，不切实际。

开门见山： 打开门就能看见山。比喻说话写文章直截了当。

山高水长： 像山一样高耸，如水一般长流。原来比喻人的风范或声誉像高山一样永远存在。后来比喻恩德深厚。

长生不死： 生命长存，永不死亡。

死灰复燃： 比喻已经停息的事物又重新活动起来（多指坏事）。

燃糠自照： 点燃稻糠照明学习。比喻勤奋好学。

照功行赏： 按照功劳大小给予不同奖赏。

赏心悦目： 悦目：看了舒服。指看到美好的景色而心情愉快。

目瞪口呆： 形容因吃惊或害怕而发愣的样子。

呆若木鸡： 呆：傻，发愣的样子。呆得像木头鸡一样。形容因恐惧或惊异而发愣的样子。

鸡犬升天： 比喻一个人做了官，和他有关的人也跟着得势。

天大地大： 形容范围极大。

大而无当： 当：底。虽然大，却无底。原指大得无边际。后多用作表示大得不切合实际、不合用。

当机立断： 当机：抓住时机。在紧要时刻立即做出决断。

断章取义： 章：音乐一曲为一章。指不顾全篇文章或谈话的内容，孤立地取其中的一段或一句的意思。指引用与原意不符。

义无反顾： 义：道义；反顾：向后看。从道义上只有勇往直前，不能犹豫回顾。

顾此失彼： 顾了这个，丢了那个。形容忙乱或慌张的情景。

彼唱此和： 比喻一方倡导，另一方效仿。

和蔼可亲： 和蔼：和善。态度温和，容易接近。

亲如手足： 像兄弟一样的亲密。多形容朋友间情谊深厚。

足衣足食： 衣食丰足。指生活富裕。

食不果腹：果：充实，饱。指吃不饱肚子。形容生活贫困。

腹背受敌：腹：指前面；背：指后面。前后受到敌人的夹攻。

敌众我寡：敌方人数多，我方人数少。形容双方对峙，众寡悬殊。

寡不敌众：寡：少；敌：抵挡；众：多。人少的抵挡不住人多的。

众望所归：众望：众人的希望；归：归向。大家一致期望的。指得到群众的信任。

归之若水：归附的势态就像江河汇成大海一样。形容人心所向。

水碧山青：碧：青绿色。形容景色很美，艳丽如画。亦作"水绿山青"。

青黄不接：青：田里的青苗；黄：成熟的谷物。旧的粮食已经吃完，新粮尚未接上。也比喻人才或物力前后接不上。

接踵而来：指人们前脚跟着后脚，接连不断地来。形容来者很多，络绎不绝。

来日方长：来日：未来的日子；方：正。将来的日子还长着呢。表示事有可为或将来还有机会。

长吁短叹：吁：叹息。长一声、短一声不住地叹气。形容发愁的神情。

叹为观止：叹：赞赏；观止：看到这里就够了。指赞美所见到的事物好到了极点。

止于至善：止：达到；至：最，极。达到极完美的境界。

善始善终：做事情有好的开头，也有好的结尾。形容办事认真。

成语故事大观园

鸡犬升天

西汉时期，有位著名的思想家、文学家名叫刘安。他继承了父亲的封位为淮南王。

淮南王刘安看了许多书，偏偏对道教的书籍入了迷，产生了炼丹成仙的念头。于是他四处去寻访有仙方神术的道人。

有一天，他听说有位仙翁名叫八公，有炼制仙丹的秘方，但是从不传给别人，于是就去寻找八公。没想到八公四处云游，刘安吃尽苦头也没能找到八公。可是刘安仍然一心一意地寻访，刘安的诚心感动了八公。一日，八公来到刘安家，把炼制仙丹的方法传授给他，并告诉他，仙丹炼成，吃下后就可升天成仙了。

刘安每天都虔诚地静心修炼，后来他"真的"炼出了仙丹，这时他觉得身体轻盈，飘飘欲仙。他知道升天成仙的时刻到了，便沐浴更衣，焚香祷告，然后把仙丹吃了下去……刘安觉得身体轻飘飘的，低头一看，原来自己早已站在云端了。

刘安成仙后，洒落在院子里的仙丹被鸡和狗吃了，它们也都飘然升空，成了神仙。刘安在鸡和狗的簇拥之中，慢慢消失了。

趣味游戏乐翻天

一、成语接龙考考你

令	人	发			日	可		人	接

尽

| 古 | | 物 | 大 | | 之 | 武 | | 其 |

通

| 非 | 昔 | | 比 | 皆 | | 是 | 非 | |

同

可 小

二、成语连连看

根据方位连接与之相对应的成语。

东
南
西
北

泰山（ ）斗
日薄（ ）山
寿比（ ）山
（ ）施效颦
中（ ）合璧
（ ）柯一梦
河（ ）狮吼
南征（ ）战

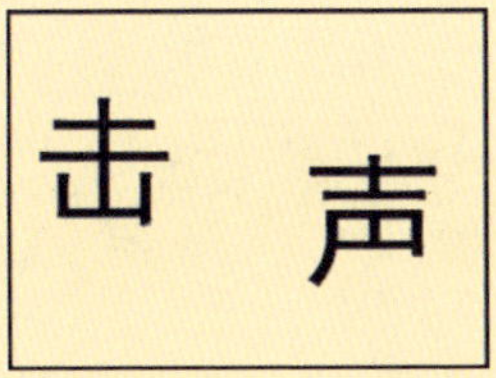

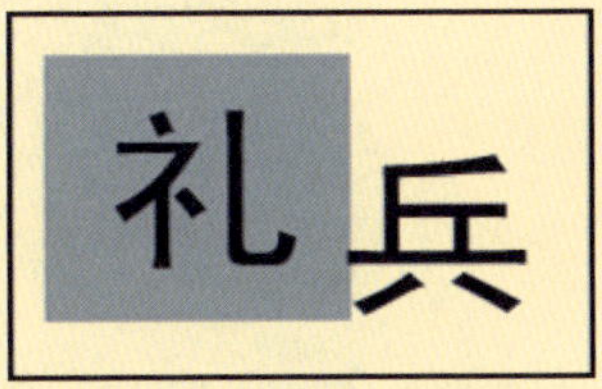

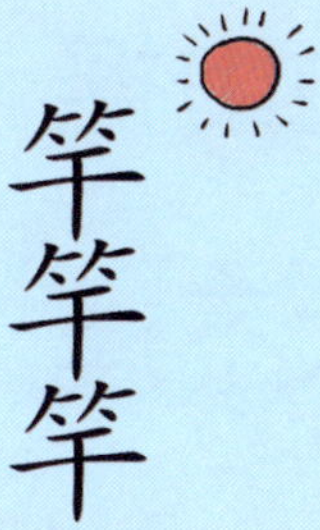

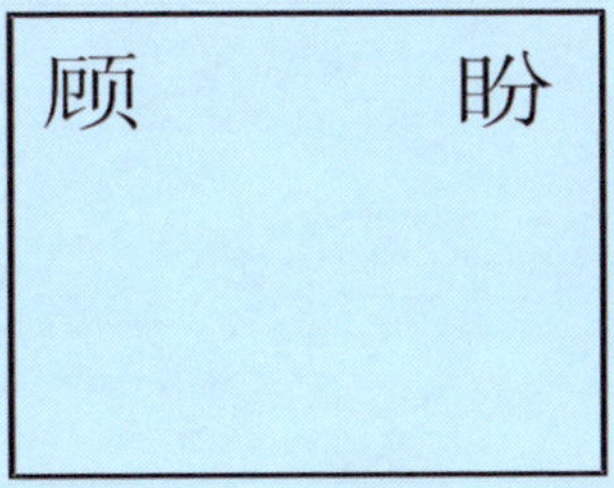

击　声　　礼 兵　　丼石

（ 　 ）　　　（ 　 ）　　　（ 　 ）

竿竿竿　　顾　　盼　　合应

（ 　 ）　　　（ 　 ）　　　（ 　 ）

常用成语接龙游戏

第八章
探秘日月与星辰

成语接龙乐不停

终其天年		年幼无知
知难而退		退避三舍
舍近求远		远交近攻
攻无不克		克敌制胜
胜券在握		握手言欢
欢天喜地		地动山摇
摇头摆尾		尾大不掉
掉以轻心		心高气傲

傲慢无礼	◯	礼贤下士
士饱马腾	◯	腾云驾雾
雾里看花	◯	花言巧语
语不投机	◯	机智果断
断断续续	◯	续凫断鹤
鹤立鸡群	◯	群龙无首
首屈一指	◯	指手画脚
脚踏实地	◯	地老天荒
荒无人烟	◯	烟波浩渺
渺无踪影	◯	影影绰绰
绰绰有余	◯	余波未平
平易近人	◯	人微言轻

查查成语小·词典

终其天年： 终：竟，尽。天年：指自然的寿数。过完应有的寿数。指寿长而善终。

年幼无知： 年纪小，不懂事。

知难而退： 原指作战要见机而行，不要做实际上无法办到的事。后泛指知道事情困难就后退。

退避三舍： 舍：古时行军计程以三十里为一舍。主动退让九十里。比喻退让和回避，避免冲突。

舍近求远： 舍去近处的，追求远处的。形容做事走弯路。

远交近攻： 联络距离远的国家，进攻邻近的国家。这是战国时秦国采取的一种外交策略。后也指待人处世的一种手段。

攻无不克： 克：攻下。没有攻占不下来的。形容力量强大无比，可以战胜一切。也比喻办任何事情都能成功。

克敌制胜： 克：战胜；制胜：取得胜利。制服敌人，取得胜利。

胜券在握： 比喻很有把握，相信自己一定可以成功。

握手言欢： 握手谈笑。多形容发生不和，以后又和好。

欢天喜地： 形容非常高兴。

地动山摇： 地震发生时大地颤动，山河摇摆。也形容声势浩大或斗争激烈。

摇头摆尾： 原形容鱼悠然自在的样子。现用来形容人摇头晃脑、轻浮得意的样子。

尾大不掉： 掉：摇动。尾巴太大，掉转不灵。旧时比喻部下的势力很大，上级无法指挥调度。现比喻机构庞大，指挥不灵。

掉以轻心： 掉：摆动；轻：轻率。对事情采取轻率的漫不经心的态度。

心高气傲： 内心自高自大，态度傲慢，自以为高人一等。

傲慢无礼： 态度傲慢，对人不讲礼节。

礼贤下士： 对有才有德的人以礼相待，不计自己的身分去结交。

士饱马腾： 军粮充足，士气旺盛。

腾云驾雾： 乘着云，驾着雾。原指传说中会法术的人乘云雾飞行，后形容奔驰迅速或头脑发昏。

雾里看花： 原形容年老视力差，看东西模糊，后也比喻看事情不真切。

花言巧语： 原指铺张修饰、内容空泛的言语或文辞。后多指用来骗人的虚伪动听的话。

语不投机： 佛教禅宗中所谓说法不契合时机或对方的根机。

机智果断： 镇定机智，沉着应对。

断断续续： 时断时续地接连下去。

续凫断鹤： 比喻违反事物本性，欲益反损。

鹤立鸡群： 像鹤站在鸡群中一样。比喻一个人的仪表或才能在周围一群人里显得很突出。

群龙无首： 一群龙没有领头的。比喻没有领头的，无法统一行动。

首屈一指： 首：首先。扳指头计算，首先弯下大拇指，表示第一。指居第一位。引申为最好的。

指手画脚： 指说话时做出各种动作。形容说话时放肆或得意忘形。

脚踏实地： 脚踏在坚实的土地上。比喻做事踏实、认真。

地老天荒： 指经历的时间极久。

荒无人烟： 人烟：指住户、居民，因有炊烟的地方就有人居住。形容地方偏僻荒凉，见不到人家。

烟波浩渺： 烟波：雾霭苍茫的水面；浩渺：水面辽阔。形容烟雾笼罩的江湖水面广阔无边。

渺无踪影： 看不到一点踪迹和影子。亦作"渺无影踪"。

影影绰绰： 模模糊糊，不真切。

绰绰有余： 绰绰：宽裕的样子。形容房屋或钱财非常宽裕，用不完。

余波未平： 指某一事件虽然结束了，可是留下的影响还在起作用。

平易近人： 对人和蔼可亲，没有架子，使人容易接近。也指文字浅显，容易了解。

人微言轻： 地位低，说话不受人重视。

成语故事大观园

退避三舍

　　春秋时候，晋献公听信谗言，杀了太子申生，又派人捉拿申生的弟弟重耳。重耳闻讯，逃出了晋国，来到楚国。一天，楚王设宴招待重耳，两人饮酒叙话，气氛十分融洽。忽然楚王问重耳："你若有一天回晋国当上国君，该怎么报答我呢？"重耳略一思索说："美女侍从、珍宝丝绸，大王您有的是，珍禽羽毛，象牙兽皮，更是楚地的盛产，晋国哪有什么珍奇物品献给大王呢？"楚王说："公子过谦了。话虽然这么说，可总该对我有所表示吧？"重耳笑笑回答道："要是托您的福，果真能回国当政的话，我愿与贵国友好。假如有一天，晋楚国之间发生战争，我一定命令军队先退避三舍（一舍等于三十里），如果还不能得到您的原谅，我再与您交战。"

　　四年后，重耳真的回到晋国当了国君，就是历史上有名的晋文公。晋国在他的治理下日益强大。公元前633年，楚国和晋国的军队在作战时相遇。晋文公为了实现他许下的诺言，下令军队后退九十里，驻扎在城濮。楚军见晋军后退，以为对方害怕了，马上追击。晋军利用楚军骄傲轻敌的弱点，集中兵力，大破楚军，取得了城濮之战的胜利。

趣味游戏乐翻天

一、成语接龙考考你

年 少 无 □ 足 常 □ 极 □ 悲

生
不

翻 马 仰 □ 宁 事 □

二、根据图片补充成语

如（　）中天	斗转（　）移	明（　）入怀
吉（　）高照	红（　）当空	满天繁（　）
闭（　）羞花	指（　）可待	披星戴（　）
寥若（　）辰	（　）上三竿	花好（　）圆

66

三、选成语填句子

选择合适的成语填入句子中，使句子意思完整。

炎炎夏日　　　　日新月异

狂风烈日　　　星火燎原　　　骄阳似火

星罗棋布　　　日积月累　　　水中望月

1. 大大小小的商店（　　），热闹非凡。

2. 夏天，（　　），把大地变成了一个大火炉。

3.（　　），海滩上到处都是戏水的人潮。

4. 古代骆驼商队行经戈壁，常需忍受（　　）的恶劣天候。

5. 不好好努力工作，未来的憧憬就是（　　）、镜中观花，最终将成为虚幻的泡影。

6. 我们的学习就是一个（　　）的过程，切不可半途而废。

7. 当今科学技术的发展（　　）、知识的更新瞬息万变，我们只有努力学习，才不会被时代淘汰。

8. 到了起义的那天，各路义军一齐响应，起义力量以（　　）之势迅猛发展。

第九章
体育运动竞技场

常用成语接龙游戏

成语接龙乐不停

举重若轻		轻而易举
举手之劳		劳苦功高
高山流水		水深火热
热火朝天		天真烂漫
漫不经心		心口如一
一文不名		名正言顺
顺藤摸瓜		瓜田李下
下落不明		明珠暗投

投其所好	◯	好大喜功
功德无量	◯	量入为出
出生入死	◯	死里逃生
生机勃勃	◯	勃然大怒
怒气冲天	◯	天涯咫尺
尺寸之地	◯	地利人和
和风细雨	◯	雨过天晴
晴空万里	◯	里应外合
合二为一	◯	一叶障目
目无下尘	◯	尘头大起
起早贪黑	◯	黑灯瞎火
火上浇油	◯	油嘴滑舌

查查成语小词典

举重若轻： 举重东西就像举轻东西那样。比喻做繁难的事或处理棘手的问题轻松而不费力。

轻而易举： 形容事情很容易做。

举手之劳： 形容事情很容易办到，不费事。

劳苦功高： 做事勤苦，功劳很大。

高山流水： 比喻知音难遇，或乐曲高妙。

水深火热： 比喻人民生活处境异常艰难、痛苦。

热火朝天： 形容场面、情绪或气氛热烈高涨。

天真烂漫： 天真：指心地单纯，没有做作和虚伪；烂漫：坦率自然的样子。形容儿童思想单纯、活泼可爱，没有做作和虚伪。

漫不经心： 随随便便，不放在心上。

心口如一： 心里想的和嘴上说的一样，形容诚实直爽。

一文不名： 名：占有。一个钱都没有，形容非常贫困。

名正言顺： 名义正当，道理也讲得通。

顺藤摸瓜： 比喻沿着发现的线索追究根底。

瓜田李下： 比喻容易引起怀疑的地方。

下落不明： 下落：着落，去处。不：不知道。明：清楚。指不知道要寻找的人或物在什么地方。

明珠暗投： 投：迎合；其：代词，他，他的；好：爱好。迎合别人的喜好。

投其所好： 投：迎合；其：代词，他，他的；好：爱好。迎合别人的喜好。

好大喜功： 好：爱好，喜欢；功：功绩，成就。指不管条件是否许可，一心想做大事，立大功。

功德无量： 功德：功业和德行；无量：无法计算。旧时指功劳恩德非常大。现多用来称赞做了好事。

量入为出： 量：计量。根据收入的多少来定开支的限度。

出生入死： 原意是从出生到死去。后形容冒着生命危险，不顾个人安危。

死里逃生： 从极危险的境地中逃脱，幸免于死。

生机勃勃： 形容自然界充满生命力，或社会生活活跃。

勃然大怒： 勃然：突然。突然变脸大发脾气。

怒气冲天： 怒气冲上天空。形容愤怒到极点。

天涯咫尺： 咫：古代长度单位，周制八寸，合今市尺六寸二分二厘。比喻距离虽近，但很难相见，像是远在天边一样。

尺寸之地： 尺寸：形容数量少。面积狭小的封地。

地利人和： 地利：地理的优势；人和：得人心。表示优越的地理条件和群众基础。

和风细雨： 和风：指春天的风。温和的风，细小的雨。比喻方式和缓，不粗暴。

雨过天晴： 雨后转晴。也比喻政治上由黑暗到光明。

晴空万里： 湛湛蓝天，没有一丝云彩。形容天气晴朗无云。

里应外合： 应：接应；合：配合。外面攻打，里面接应。

合二为一： 指将两者合为一个整体。

一叶障目： 眼睛被一片树叶挡住，指看不到事物的全貌。

目无下尘： 眼睛看不到凡尘，孤傲的意思。

尘头大起： 指一团团的灰尘高高扬起。

起早贪黑： 起得早，睡得晚。形容辛勤劳动。

黑灯瞎火： 形容黑暗没有灯光。

火上浇油： 往火上倒油。比喻使人更加愤怒或使情况更加严重。

油嘴滑舌： 形容说话油滑，耍嘴皮子。

成语故事大观园

一叶障目

从前，楚国有个书呆子，家里很穷。

一天，他正在看书，忽然看到书上写着："如果得到螳螂捕捉知了时用来遮身的那片叶子，就可以把自己的身体隐藏起来，谁也看不见。"于是他想："如果我能得到那片叶子，那该多好呀！"

从那天起，他整天在树林里转来转去，寻找螳螂捉知了时藏身的叶子。终于有一天，他看到一只螳螂隐身在一片树叶下捕捉知了，他兴奋极了，猛地扑上去摘下那片叶子，可是，他太激动了，一不小心那叶子掉在地上，与满地的落叶混在一起。他呆了一会，拿来一只簸箕，把地上的落叶全都收拾起来，带回家去。回到家里举起一片树叶，问他的妻子说："你能看得见我吗？""看得见。"他妻子回答。"你能看得见吗？"他又举起一片树叶说。"看得见。"妻子耐心地回答。

他一次次地问，妻子一次次地回答。到后来，他妻子厌烦了，随口答道："看不见啦！"书呆子一听乐坏了。他拿了树叶，来到街上，用树叶挡住自己，当着店主的面，伸手取了店里东西就走。

店主惊奇极了，把他抓住，送到官府去。书呆子说了原委，县官不由哈哈大笑，把他放回了家。

趣味游戏乐翻天

一、成语接龙考考你

不	甚	了		如	指		上	明

联

钟		直	冲		连	纵		璧

伐

腋	而		刃	有		音	绕	

	子	君	上

二、填动词组成语

画 结 挑 刻 抢 杀 指 架 藏 捉

（ ）龙点睛

拉帮（ ）派

（ ）手画脚

呼天（ ）地

（ ）襟见肘

（ ）肥拣瘦

卧虎（ ）龙

（ ）舟求剑

（ ）鸡儆猴

腾云（ ）雾

三、成语搭配

将下列动作和与其相对的成语连线。

喝得

打得

讲得

看得

哭得

深入浅出

烂醉如泥

鼻青脸肿

伤心欲绝

津津有味

第十章
人体器官分布图

常用成语接龙游戏

成语接龙乐不停

舌战群儒		儒林丈人
人声鼎沸		沸沸扬扬
扬长而去		去恶从善
善眉善眼		眼花缭乱
乱箭攒心		心惊胆战
战火纷飞		飞来横祸
祸起萧墙		墙高基下
下马看花		花遮柳掩

掩过饰非		非驴非马
马失前蹄		蹄间三寻
寻死觅活		活灵活现
现身说法		法不责众
众所周知		知人善任
任人宰割		割席断交
交浅言深		深恶痛绝
绝无仅有		有生于无
无坚不摧		摧眉折腰
腰缠万贯		贯穿今古
古木参天		天壤之别
别开生面		面目全非

查查成语小词典

舌战群儒： 舌战：激烈争辩；儒：指读书人。指同很多人辩论，并驳倒对方。

儒林丈人： 尊称学识渊博的前辈。

人声鼎沸： 鼎：古代煮食器；沸：沸腾。形容人群的声音吵吵嚷嚷，就像煮开了锅一样。

沸沸扬扬： 沸沸：水翻滚的样子；扬扬：喧闹、翻动的样子。像沸腾的水一样喧闹。形容人声喧闹。

扬长而去： 大模大样地径自走了。

去恶从善： 去除恶念，一心向善。

善眉善眼： 形容容貌善良。

眼花缭乱： 缭乱：纷乱。看着复杂纷繁的东西而感到迷乱。也比喻事物复杂，无法辨清。

乱箭攒心： 攒：积聚。乱箭射在心上。比喻内心极度痛苦。

心惊胆战： 战：通"颤"，发抖。形容十分害怕。

战火纷飞： 形容战斗频仍、激烈。

飞来横祸： 意外的灾祸。

祸起萧墙： 萧墙：古代宫室大门内（或外）起屏障作用的矮墙。指祸乱发生在家里。比喻内部发生祸乱。

墙高基下： 比喻名位虽高而才德低下。

下马看花： 比喻停下来，深入实际，认真调查研究。

花遮柳掩： 比喻行动或说话躲躲闪闪，不实在。也作"花遮柳隐"。

掩过饰非： 等于说文过饰非。掩饰过失、错误。

非驴非马： 不是驴也不是马。比喻不伦不类，什么也不像。

马失前蹄： 比喻偶然发生差错而受挫。

蹄间三寻： 指马奔走时，前后蹄间一跃而过三寻。形容马奔跑得快。

寻死觅活： 寻：求，找。闹着要死要活。多指用自杀来吓唬人。

活灵活现： 形容神情逼真，使人感到好像亲眼看到一般。

现身说法： 佛教用语。指佛力广大，能现出种种人相，向人说法。现指以亲身经历和体验为例来说明某种道理。

法不责众： 责：责罚；众：多数人。指某种行为即使应受到法律的惩罚，但很多人都那样干，也就不好惩罚了。

众所周知： 大家全都知道。

知人善任： 知：了解，知道；任：任用，使用。善于认识人的品德和才能，最合理地使用。

任人宰割： 任凭别人宰杀与欺辱，没有反抗的能力。比喻个人或国家不能掌握自己的命运，任别人侵略剥削，压迫欺凌。

割席断交： 席：坐席，草席。把席割开分别坐。比喻朋友绝交。

交浅言深： 交：交情，友谊。跟交情浅的人谈心里话。

深恶痛绝： 恶：厌恶；痛：痛恨；绝：极。指对某人或某事物极端厌恶痛恨。

绝无仅有： 只有一个，再没有别的。形容非常少有。

有生于无： 老子认为："有"为看得见的具体事物。"无"即看不见的"道"，为万物的本源。"有"由"无"产生。

无坚不摧： 形容力量非常强大，没有什么坚固的东西不能摧毁。

摧眉折腰： 低眉弯腰。形容没有骨气，巴结奉承。

腰缠万贯： 腰缠：指随身携带的财物；贯：旧时用绳索穿钱，每一千文为一贯。比喻钱财极多。

贯穿今古： 把现在和古代联系起来。

古木参天： 参天：高入云天。古老的树木枝茂叶繁异常高大。

天壤之别： 壤：地。天和地，一极在上，一极在下，比喻差别极大。

别开生面： 原意是大唐凌烟阁里的功臣画像本已褪色，经著名画家曹霸重画之后才显得有生气。比喻另外创出一种新的形式或局面。

面目全非： 非：不相似。样子完全不同了。形容改变得不成样子。

成语故事大观园

割席断交

　　管宁和华歆（xīn）在年轻的时候，是一对非常要好的朋友。他俩成天形影不离，同桌吃饭、同榻读书、同床睡觉，相处得很和谐。

　　有一次，他们两人坐在一张席子上读书。正看得入神，忽然外面沸腾起来，一片鼓乐之声，中间夹杂着鸣锣开道的吆喝声和人们看热闹吵吵嚷嚷的声音。于是华歆就起身走到窗前去看究竟发生了什么事，而管宁却不为所动，继续读书。

　　原来是一位达官显贵乘车从这里经过。一大队随从佩带着武器、穿着统一的服装前呼后拥地保卫着车子，威风凛凛。再看那车饰更是豪华：车身雕刻着精巧美丽的图案，车上蒙着的车帘是用五彩绸缎制成的，四周装饰着金线，车顶还镶了一大块翡翠，显得富贵逼人。

　　华歆完全被这种张扬的声势和豪华的排场吸引住了。他嫌在屋里看不清楚，干脆连书也不读了，急急忙忙地跑到街上去跟着人群尾随车队细看。

　　管宁目睹了华歆的所作所为，再也抑制不住心中的叹惋和失望。等到华歆回来以后，管宁就拿出刀子当着华歆的面把席子从中间割成两半，痛心而决绝地宣布："我们两人的志向和情趣太不一样了。从今以后，我们就像这被割开的草席一样，再也不是朋友了。"

趣味游戏乐翻天

一、成语接龙考考你

十 全 十 □ 意 延 □ 幼 无 □

□ 之 有 □ 以 类 精 □ 足 常

不 无 会 极

无 宣 龙 生

无 不 摆 天

薄 照 悯

□ 轻 以 □ 不 大 □

言 □ 天

微 □ 保 哲 □ 投 暗 □ 向 心

二、补充成语

请选择正确的人体器官，把下列成语补充完整。

> 膝 肝 嘴 耳 头 牙 手 胆

提	心	吊	

	聪	目	明

心	灵		巧

七		八	舌

心		宝	贝

抬		挺	胸

卑	躬	屈	

伶		俐	齿

三、看图猜成语

悬（ ）刺（ ）

捶（ ）顿（ ）

（ ）不转（ ）

（ ）开（ ）笑

第十一章
益智谜语猜猜猜

成语接龙乐不停

夜长梦多		多此一举
举一废百		百里挑一
一丝不苟		苟且偷生
生吞活剥		剥茧抽丝
丝丝入扣		扣人心弦
弦外之意		意往神驰
驰名中外		外亲内疏
疏不间亲		亲如骨肉

肉山酒海  海波不惊

惊恐万分  分庭抗礼

礼义廉耻  耻居人下

下情上达  达官贵人

人怨神怒  怒发冲冠

冠盖如云  云泥之别

别具匠心  心安理得

得陇望蜀  蜀犬吠日

日理万机  机杼一家

家道中落  落荒而走

走为上计  计深虑远

远瞩高瞻  瞻云就日

查查成语小·词典

夜长梦多：比喻时间拖长了，事情可能发生不利的变化。

多此一举：做不必要的、多余的事情。

举一废百：举：提出；废：弃。提出一点，废弃许多。指认识片面。

百里挑一：一百个里挑选出一个，形容十分出众。

一丝不苟：形容办事认真，连最细微的地方也不马虎。

苟且偷生：苟且：得过且过；偷生：苟且地活着。得过且过，勉强活着。

生吞活剥：原指生硬搬用别人诗文的词句。现比喻生硬地接受或机械地搬用经验、理论等。

剥茧抽丝：比喻根据顺序寻求事物的发生发展过程。

丝丝入扣：扣：织机上的主要机件之一。织布时每条丝线都要从筘齿间穿过。比喻做事十分细致，有条不紊，十分合拍。

扣人心弦：扣：敲打。形容事物激动人心。

弦外之意：弦：乐器上发音的丝线。比喻言外之意，即在话里间接透露，而不是明说出来的意思。

意往神驰：形容心神向往，不能自持。

驰名中外： 驰：传播。形容名声传播得极远。

外亲内疏： 疏：疏远。外表亲密无间，内心冷若冰霜。形容表里不一。

疏不间亲： 间：离间。关系疏远者不参与关系亲近者的事。或指军事、政治策略中被疏远孤立的一方很难离间关系亲近的势力联盟的关系。

亲如骨肉： 形容关系密切如一家人。

肉山酒海： 极言酒肉饮食之丰。

海波不惊： 海面平静，不起波浪。比喻平安无事。

惊恐万分： 非常惊讶恐慌，十分害怕。

分庭抗礼： 庭：庭院；抗礼：平等行礼。原指宾主相见，分站在庭院两边，相对行礼。现比喻平起平坐，彼此对等的关系。

礼义廉耻： 古人认为礼定贵贱尊卑，义为行动准绳，廉为廉洁方正，耻为有知耻之心。指封建社会的道德标准和行为规范。

耻居人下： 以地位在人之下为耻。

下情上达： 谓下面的情况或意见能够通达于上。

达官贵人： 达官：大官。指地位高的大官和出身侯门身分显赫的人。

人怨神怒： 形容民愤极大。

怒发冲冠： 指愤怒得头发直竖，顶着帽子。形容极端愤怒。

冠盖如云： 冠盖：古代官吏的帽子和车盖，借指官吏。形容官吏到的很多。

云泥之别： 相差像天空的云和地下的泥，比喻高低差别悬殊。

别具匠心： 匠心：巧妙的心思。另有一种巧妙的心思（多指文学、艺术方面创造性的构思）。

心安理得： 自信事情做得合理，心理很坦然。

得陇望蜀： 陇：指甘肃一带；蜀：指四川一带。已经取得陇右，还想攻取西蜀。比喻贪得无厌。

蜀犬吠日： 蜀：四川省的简称；吠：狗叫。原意是四川多雨，那里的狗不常见太阳，出太阳就要叫。比喻少见多怪。

日理万机： 理：处理，办理；万机：种种事务。形容政务繁忙，工作辛苦。

机杼一家： 指文章能独立经营，自成一家。

家道中落： 家业衰败，境况没有从前富裕。

落荒而走： 指离开战场，向荒野逃命。形容战败逃命。

走为上计： 遇到强敌或陷于困境时，以离开回避为最好的策略。

计深虑远： 计：计谋；虑：考虑。计谋想得很深远。

远瞩高瞻： 瞩：注视；瞻：视，望。站得高，看得远。比喻眼光高远。犹言高瞻远瞩。

瞻云就日： 原指贤明的君主恩泽施及人民。后多比喻得近天子。

成语故事大观园

怒发冲冠

赵惠文王得到一块稀世的璧玉，称为和氏璧。秦昭王企图仗势把和氏璧据为己有。于是他假意写信给赵王，表示愿用十五座城来换这块璧。

赵王怕秦王有诈，不想把和氏璧送去，但又怕他派兵来犯。同大臣们商量了半天，也没有个结果。正在这时，有人向赵王推荐了蔺相如，说他有勇有谋，可以出使。

蔺相如带了和氏璧出使秦国。秦王得知他来后，没有按照正式的礼仪在朝廷上接见他。蔺相如见秦王如此轻蔑无礼，早已非常愤怒，又见他只管让姬妾及左右传看和氏璧，根本没有交付城池的意思，便上前道："这璧上还有点小的毛病，请让我指给大王看。"

蔺相如把璧拿到手后，马上退后几步，靠近柱子站住。他极度愤怒，头发直竖，顶起帽子，激昂地说："赵王和大臣们商量后，都认为秦国贪得无厌，想用空话骗取和氏璧，因而本不打算把璧送给秦国；听了我的意见，斋戒了五天，才派我送来。今天我到这里，大王没有在朝廷上接见我，拿到璧后竟又递给姬妾们传观，当面戏弄我，所以我把璧取了回来。大王如要威逼我，我情愿把自己的头与璧一起在柱子上撞个粉碎！"在这种情况下，秦王只得道歉，并答应斋戒五天后受璧。但蔺相如预料秦王不会交城，私下让人把璧送归赵国。秦王得知后，无可奈何，只好按照礼仪送蔺相如回国。

趣味游戏乐翻天

一、成语接龙考考你

```
                                将
雾  里  看  □  言  巧  □  重  □  长
                                比
          流  承  化  □  不  照  □
```

二、补充成语

根据下面的谜语猜成语，并将其补充完整。

1. 此曲只应天上有…………不同凡（　）

2. 手机不能掉水里…………（　）不可失

3. 十五个吊桶打水…………七（　）八（　）

4. 泵…………（　）落（　）出

5. 只求质量…………宁缺毋（　）

6. 伯乐相马…………志在（　）（　）

7. 唐僧的书……………一本正（　）

8. 脸谱全集…………面（　）俱到

三、成语猜谜语

根据下列人物事迹猜成语。

曹操称霸

一世之（　）

张飞审瓜

事出有（　）

关羽战李逵

大（　）阔斧

沛公取咸阳

先入为（　）

吕布遇貂蝉

一（　）钟情

武大郎设宴

（　）朋满座

常用成语接龙游戏

第十二章
地名也来做游戏

成语接龙乐不停

日出不穷		穷凶极恶
恶语伤人		人迹罕至
至高无上		上闻下达
达士通人		人仰马翻
翻江倒海		海底捞月
月明星稀		稀世之宝
宝刀不老		老成持重
重男轻女		女扮男装

装疯卖傻		傻头傻脑
脑满肠肥		肥头大耳
耳聪目明		明知故问
问心无愧		愧悔无地
地老天昏		昏昏沉沉
沉鱼落雁		雁足传书
书不释手		手疾眼快
快意当前		前功尽弃
弃暗投明		明目张胆
胆战心惊		惊师动众
众口铄金		金口玉言
言过其实		实事求是

查查成语小词典

日出不穷：形容接连不断地出现。

穷凶极恶：穷：极端。形容极端残暴凶恶。

恶语伤人：用恶毒的语言污蔑、伤害人。

人迹罕至：罕：少。人很少到的地方。指偏僻荒凉的地方很少有人来过。

至高无上：至：最。高到顶点，再也没有更高的了。

上闻下达：闻：听见；达：通晓，明白。使上级知道，使下边的人明白。

达士通人：通人：学识渊博贯通古今的人。指心胸豁达，学识渊博的人。

人仰马翻：人马被打得仰翻在地。形容被打得惨败。也比喻乱得一塌糊涂，不可收拾。

翻江倒海：形容水势浩大，后形容力量或声势非常壮大。

海底捞月：到水中去捞月亮。比喻去做根本做不到的事，只能白费力气。

月明星稀：月亮明亮时，星星就显得稀疏了。

稀世之宝：世上少有的珍贵的宝物。

宝刀不老： 比喻虽然年龄已大或脱离本行已久，但功夫技术并没减退。

老成持重： 老成：阅历多而练达世事；持重：做事谨慎。办事老练稳重，不轻举妄动。

重男轻女： 重视男子，看轻女性。指轻视妇女的封建思想。

女扮男装： 女子穿上男装，打扮成男子的模样。

装疯卖傻： 故意装成疯疯癫癫、傻里傻气的样子。

傻头傻脑： 形容思想糊涂，愚笨痴呆。

脑满肠肥： 脑满：指肥头大耳；肠肥：指身体胖，肚子大。形容饱食终日的剥削者大腹便便、肥胖丑陋的形象。

肥头大耳： 一个肥胖的脑袋，两只大耳朵。形容体态肥胖，有时指小孩可爱。

耳聪目明： 聪：听觉灵敏；明：眼力敏锐。听得清楚，看得明白。形容头脑清楚，眼光敏锐。

明知故问： 明明知道，还故意问人。

问心无愧： 问心：问问自己。扪心自问，毫无愧色。

愧悔无地： 羞愧懊悔得无地自容。

地老天昏： 形容变化剧烈。

昏昏沉沉： 形容人神志不清的样子。

沉鱼落雁： 鱼见之沉入水底，雁见之降落沙洲。形容女子容貌美丽。

雁足传书： 指书信系于大雁足上，指大雁能传递书信。

书不释手： 手里的书舍不得放下。形容勤学或看书入迷。

手疾眼快： 疾：迅速。动作迅速，眼光敏捷。形容机灵敏捷。

快意当前： 快意：爽快舒适。指痛快一时。

前功尽弃： 功：功劳；尽：完全；弃：丢失。以前的功绩全部废弃，指以前的努力完全白费。

弃暗投明： 离开黑暗，投向光明，比喻与黑暗势力断绝关系，走向光明的道路。

明目张胆： 形容公开、大胆地做坏事。

胆战心惊： 形容非常害怕。

惊师动众： 师：众人。比喻惊动很多人来做一件事。

众口铄金： 铄：熔化。原来比喻舆论的力量大，后来形容人多口杂，能混淆是非。

金口玉言： 极难得可贵的话，封建社会多称皇帝讲的话，后来也用来泛指不能改变的话。

言过其实： 说话过分，不符合实际。

实事求是： 从实际情况出发，不夸大，不缩小，正确地对待和处理问题。

成语故事大观园

沉鱼落雁

春秋时期，越国有一个叫西施的，是个浣纱的女子，五官端正，粉面桃花，相貌过人。她在河边浣纱时，清彻的河水映照她俊俏的身影，使她显得更加美丽，这时，鱼儿看见她的倒影，忘记了游水，渐渐地沉到河底。从此，西施这个"沉鱼"的代称，在附近流传开来。

汉元帝在位期间，南北交兵，边界不得安宁。汉元帝为安抚北匈奴，选王昭君与单于结成姻缘，以保两国永远和好。在一个秋高气爽的日子里，昭君告别了故土，登程北去。一路上，马嘶雁鸣，撕裂她的心肝；悲切之感，使她心绪难平。她在坐骑之上，拨动琴弦，奏起悲壮的离别之曲。南飞的大雁听到这悦耳的琴声，看到骑在马上的这个美丽女子，忘记摆动翅膀，跌落地下。从此，昭君就得来"落雁"的代称。

趣味游戏乐翻天

一、成语接龙考考你

舞 私
绝　　　为
风　　　步

哀　　无 静
兵　　人　　　矩
必　　师　　　行
　　　表
券　　　　　成
在　　　　　守

手 言　欣 鼓　文 弄

二、补充成语

将下列成语补充完整，看看组成的城市你有没有去过。

人定胜（　）（　）津有味	人才济（　）（　）腔北调
天高水（　）（　）暖花开	声东击（　）（　）居乐业
金石为（　）（　）妻荫子	精卫填（　）（　）是心非
洛阳纸（　）（　）春白雪	鸡犬不（　）（　）涛汹涌
至高无（　）（　）阔天空	逢凶化（　）（　）林总总

三、根据地名猜成语

旅顺	一（　）平（　）
宁波	风（　）浪（　）
海口	夸（　）其（　）
重庆	双（　）临（　）
延寿	长（　）不（　）
腾冲	突（　）猛（　）
上海	大（　）东（　）
天水	倾（　）大（　）
武昌	兵（　）马（　）
温州	不（　）不（　）

常用成语接龙游戏

第十三章
歇后语也能猜成语

成语接龙乐不停

弱不禁风		风吹草动
动魄惊心		心花怒放
放虎归山		山长水远
远走高飞		飞蛾扑火
火冒三丈		丈二和尚
尚贤使能		能工巧匠
匠心独运		运斤成风
风调雨顺		顺手牵羊

羊落虎口		口蜜腹剑
剑戟森森		森罗万象
象齿焚身		身经百战
战无不胜		胜利在望
望穿秋水		水涨船高
高高在上		上兵伐谋
谋道作舍		舍本逐末
末大必折		折戟沉沙
沙里淘金		金玉良言
言而有信		信誓旦旦
旦夕之危		危急存亡
亡羊补牢		牢不可破

查查成语小·词典

弱不禁风： 禁：承受。形容身体虚弱，连风吹都禁不住。

风吹草动： 比喻轻微的变故。

动魄惊心： 使人神魂震惊。原指文辞优美，意境深远，使人感受极深，震动极大。后常形容使人十分惊骇紧张到极点。

心花怒放： 怒放：盛开。心里高兴得像花儿盛开一样。形容极其高兴。

放虎归山： 把老虎放回山去。比喻把坏人放回老巢，留下祸根。

山长水远： 比喻道路遥远艰险。

远走高飞： 指像野兽远远跑掉，像鸟儿远远飞走。比喻人跑到很远的地方去。多指摆脱困境去寻找出路。

飞蛾扑火： 飞蛾扑到火上，比喻自取灭亡。

火冒三丈： 冒：往上升。形容愤怒到极点。

丈二和尚： （歇后语）摸不着头脑。指弄不清是怎么回事。

尚贤使能： 尚：崇尚，推崇，尊重。尊崇并重用贤能之士。

能工巧匠： 指工艺技术高明的人。

匠心独运： 匠心：巧妙的心思。在文学、艺术等方面独创性地运用巧妙的心思。

运斤成风： 运：挥动；斤：斧头。挥动斧头，风声呼呼。比喻手法熟练，技艺高超。

风调雨顺： 指风雨适合农时。

顺手牵羊： 顺手把人家的羊牵走。比喻顺便拿走人家的东西人。

羊落虎口： 比喻处于险境，有死无生。

口蜜腹剑： 嘴上说的很甜，肚子里却怀着害人的坏主意。形容人阴险。

剑戟森森： 比喻人心机多，很厉害。

森罗万象： 森：众多；罗：罗列；万象：宇宙间各种事物和现象。指天地间纷纷罗列的各种各样的景象。形容包含的内容极为丰富。

象齿焚身： 焚身：丧生。象因为有珍贵的牙齿而遭到捕杀。比喻人因为有钱财而招祸。

身经百战： 亲身经历过很多次战斗。比喻况历多，经验丰富。

战无不胜： 克：攻下。没有攻占不下来的。形容力量无比强大无比，可以战胜一切。也比喻办任何事情都能成功。

胜利在望： 在望：盼望的事就在眼前。指胜利即将到来。也指一件事情马上就要成功。

望穿秋水： 秋水：比喻人的眼睛。眼睛都望穿了。形容对远地亲友的殷切盼望。

水涨船高： 水位升高，船身也随之浮起。比喻事物随着它所凭借的基础的提高而增长提高。

高高在上：原指地位高，现在形容领导者脱离实际，脱离群众。

上兵伐谋：上：上等，引申为最好的。兵：指战争，引申为用兵。伐谋：用计谋粉碎敌人的计策。用兵的上策，是以谋略取胜。

谋道作舍：造房子请教路人。比喻人多嘴杂，意见纷纷，办不成事。

舍本逐末：逐：追求。抛弃根本的、主要的，而去追求枝节的、次要的。比喻不抓根本环节，而只在枝节问题上下功夫。

末大必折：末：树梢，末梢。树木枝端粗大，必折其干。比喻下属权重，危及上级。

折戟沉沙：戟：古代的一种兵器。折断了的戟沉没在泥沙里。形容失败惨重。

沙里淘金：从沙里淘出黄金。比喻好东西不易得。也比喻做事费力大而收效少。也比喻从大量的材料里选择精华。

金玉良言：金玉：黄金和美玉。比喻可贵而有价值的劝告。

言而有信：说话靠得住，有信用。

信誓旦旦：信誓：表示诚意的誓言；旦旦：诚恳的样子。誓言说得真实可信。

旦夕之危：旦夕：比喻短时间内。危：危险。形容危险逼近。

危急存亡：危急：危险而紧急。指关系到生存灭亡的紧急关头。

亡羊补牢：牢：关牲口的圈。羊逃跑了再去修补羊圈，还不算晚。比喻出了问题以后想办法补救，可以防止继续遭受损失。

牢不可破：牢：牢固。异常坚固，不可摧毁。也用在指人固执己见或保守旧习。

成语故事大观园

亡羊补牢

从前有一个牧民，养了几十只羊，白天放牧，晚上将羊赶进一个用柴草和木桩等杂物围起来的羊圈内。

一天早晨，这个牧民去放羊，发现羊少了一只。原来羊圈破了个窟窿，夜间有狼从窟窿里钻了进来，把一只羊叼走了。

邻居劝告他说："赶快把羊圈修一修，堵上那个窟窿吧。"

他说："羊已经丢了，还去修羊圈干什么呢？"最终，他没有接受邻居的好心劝告。

第二天早上，他去放羊，发现又少了一只羊。原来狼又从窟窿里钻进羊圈，又叼走了一只羊。

这位牧民很后悔没有认真接受邻居的劝告，去及时采取补救措施。于是，他赶紧堵上那个窟窿，又从整体进行加固，把羊圈修得牢牢实实的。

从此，这个牧民的羊就再也没有被野狼叼走过了。

牧民的故事告诉我们：犯了错误，遭到挫折，这是常见的事情。只要能认真吸取教训，及时采取补救措施，就可以避免继续犯错误，遭受更大的损失。

趣味游戏乐翻天

一、成语接龙考考你

日 深

负 残

盛 烛

其 副

一 事 求

蹴 事 是

而 来

穴

事 天

论 阔

出 有 祸 得 如 东

二、读歇后语猜成语

楚霸王自刎 → 身败名（）

秦叔宝卖马 → 穷（）末路

铁公鸡 → 一（）不拔

小葱拌豆腐 → 一清二（）

泥菩萨过江 → 自（）难保

宋江的眼泪 → 虚情假（）

三、根据描述补全成语

肉包子打狗	有（）无回
关公面前耍大刀	班门弄（）
司马昭之心	路（）皆知
刘姥姥进大观园	少见多（）
白骨精遇上孙悟空	原（）毕露
吕布拜董卓	认贼作（）

第十四章
成语兄弟对对碰

成语接龙乐不停

破釜沉舟		舟车劳顿
顿挫抑扬		扬汤止沸
沸反盈天		天下太平
平淡无奇		奇花异草
草菅人命		命世之才
才疏学浅		浅尝辄止
止渴思梅		梅妻鹤子
子承父业		业荒于嬉

嬉笑怒骂	◯	骂天咒地
地下修文	◯	文韬武略
略知皮毛	◯	毛遂自荐
荐贤举能	◯	能者为师
师出无名	◯	名满天下
下里巴人	◯	人定胜天
天马行空	◯	空穴来风
风卷残云	◯	云悲海思
思前想后	◯	后顾之忧
忧国忧民	◯	民生凋敝
敝帚千金	◯	金玉满堂
堂堂一表	◯	表里不一

查查成语小·词典

破釜沉舟： 比喻下决心不顾一切地干到底。

舟车劳顿： 舟车：船与车，泛指一切水陆交通工具。劳顿：劳累疲倦。形容旅途疲劳困顿。

顿挫抑扬： 形容诗文作品或音乐声响等高低起伏、停顿转折，和谐而有节奏。

扬汤止沸： 把锅里开着的水舀起来再倒回去，使它凉下来不沸腾。比喻办法不彻底，不能从根本上解决问题。

沸反盈天： 沸：滚翻；盈：充满。声音像水开锅一样沸腾翻滚，充满了空间。形容人声喧闹，乱成一片。

天下太平： 处处平安无事。指大治之世。

平淡无奇： 奇：特殊的。指事物或诗文平平常常，没有吸引人的地方。

奇花异草： 原意是指稀奇少见的花草。也比喻美妙的文章作品等。

草菅人命： 草菅：野草。把人命看作野草。指任意残害人命。

命世之才： 原指顺应天命而降世的人才。后多指名望才能为世人所重的杰出人才。亦作"命世之英"、"命世之雄"。

才疏学浅： 疏：浅薄。才学不高，学识不深（多用作自谦的话）。

浅尝辄止： 辄：就。略微尝试一下就停下来。指不深入钻研。

止渴思梅： 犹望梅止渴。比喻用空想安慰自己。亦作"止渴望梅"。

梅妻鹤子： 以梅为妻，以鹤为子。比喻清高或隐居。宋朝的林逋隐居西湖孤山，植梅养鹤，终生不娶，人谓"梅妻鹤子"。

子承父业： 儿子继承父亲的事业。

业荒于嬉： 学业荒废在嬉笑玩耍中。

嬉笑怒骂： 指喜怒等不同思想感情的表现，也指嘲笑与责骂。

骂天咒地： 不指明对象地诅咒漫骂。亦作"骂天扯地"。

地下修文： 旧指有才文人早死。

文韬武略： 韬：指《六韬》，古代兵书，内容分文、武、龙、虎、豹、犬；略：指《三略》，古代兵书，凡三卷。比喻用兵的谋略。

略知皮毛： 比喻稍知表面的情况或稍有肤浅的知识。

毛遂自荐： 毛遂自我推荐。比喻自告奋勇，自己推荐自己担任某项工作。

荐贤举能： 举：推荐。选拔推荐有才能有德行的人。

能者为师： 会的人就当老师。即谁会就向谁学习。

师出无名： 师：军队；名：名义，引伸为理由。出兵没有正当理由。也引申为做某事没有正当理由。

名满天下： 天下闻名。形容名声极大。

下里巴人： 原指战国时代楚国民间流行的一种歌曲。比喻通俗的文学艺术。

人定胜天： 人定：指人谋。指人力能够战胜自然。

天马行空： 天马：神马。天马奔腾神速，像是腾起在空中飞行一样。比喻诗文气势豪放。也比喻人浮躁，不踏实。

空穴来风： 穴：孔、洞；来：招致。有了洞穴才进风。比喻消息和谣言的传播不是完全没有原因的。也比喻流言乘机会传开来。

风卷残云： 大风把残云卷走。比喻一下子把残存的东西一扫而光。

云悲海思： 如云似海的愁思。

思前想后： 思：考虑；前：前因；后：后果。对事情发生的缘由，发展后果，作再三考虑。

后顾之忧： 顾：回头看。来自后方的忧患。指在前进过程中，担心后方发生问题。

忧国忧民： 为国家的前途和人民的命运而担忧。

民生凋敝： 民生：人民的生计；凋敝：衰败，艰苦。社会穷困，经济衰败，人民生活极端困苦。

敝帚千金： 一把破扫帚，当千金那样贵重。比喻东西虽不好，但自己十分珍惜。

金玉满堂： 金玉财宝满堂。形容财富极多。也形容学识丰富。

堂堂一表： 形容身材魁伟，相貌出众。

表里不一： 表面与内在不一样。

成语故事大观园

草菅人命

贾谊是汉文帝时的一位著名文人，自小聪慧好学，极有才华。他被文帝召为博士，后又担任过太中大夫的官职。

因为被人嫉忌，贾谊后谪为长沙王太傅（老师）。政治上的不得志，使他以屈原自喻，写下了著名的《吊屈原赋》等文章。后来，汉文帝把他召回宫中，要他担任梁王刘揖的太傅。梁王是汉文帝最宠爱的儿子，文帝指望他将来能继承皇位，所以要他多读些书，希望贾谊好好教导他。贾谊就此发了一通议论，他说："辅导皇子，教他读书固然重要，但更重要的，是教他怎样做一个正直的人。假使像秦朝末年赵高教导秦二世胡亥那样，传授给胡亥的是严刑酷狱，所学的不是杀头割鼻子，就是满门抄斩。那么，自然而然，胡亥一当上皇帝，就乱杀人，看待杀人，就好像看待割茅草一样，不当一回事。这难道只是胡亥的本性生来就坏吗？之所以这样，是教导他的人没有引导他走上正道，这才是根本原因所在。"后来，贾谊去梁国上任担任太傅，悉心辅导梁王。可是梁怀王不慎骑马摔死，贾谊自伤没有尽到太傅的责任，因此终日郁郁不乐，常常哭泣，一年多后，就死了，死时才三十三岁。

可是，贾谊这段精彩的论述就此留传了下来。"草菅人命"作为一句成语，也被人们用来形容反动统治阶级杀人的凶残狠毒。

趣味游戏乐翻天

一、成语接龙考考你

偷

| 毛 | 手 | 毛 | | 踏 | 实 | | 老 | | 荒 |

换

| 声 | 同 | 口 | | 月 | 新 | |

二、判断成语

判断下面成语是否是近义词，并将结果填在括号内。

人云亦云——随声附和　　　　（　　　）

目不转睛——全神贯注　　　　（　　　）

一丝不苟——粗枝大叶　　　　（　　　）

同归于尽——玉石俱焚　　　　（　　　）

欣欣向荣——蒸蒸日上　　　　（　　　）

痛不欲生——欣喜若狂　　　　（　　　）

名垂后世——流芳千古　　　　（　　　）

爱财如命——挥金如土　　　　（　　　）

三、选择近义词

下列天平中都有一个成语，选择与之意思相近的成语使天平保持平衡。

脍炙人口　　　闭月羞花　　　自告奋勇

百发百中　　　明察秋毫　　　望梅止渴

毛遂自荐

沉鱼落雁

百读不厌

画饼充饥

弹无虚发

洞若观火

第十五章
正反成语大PK

成语接龙乐不停

一还一报  报仇雪恨

恨之入骨  骨肉相连

连绵不绝  绝处逢生

生死与共  共商国是

是非曲直  直言不讳

讳莫如深  深入浅出

出其不意  意料之外

外强中干  干净利落

落井下石		石沉大海
海阔天空		空谷传声
声势浩大		大呼小叫
叫苦连天		天长日久
久闻大名		名落孙山
山摇地动		动之以情
情深似海		海晏河清
清尘浊水		水火无情
情投意合		合盘托出
出其不备		备而不用
用其所长		长眠不起
起死回生		生不逢时

查查成语小词典

一还一报：指做一件坏事后必受一次报复。

报仇雪恨：雪：洗刷掉。报冤仇，除仇恨。

恨之入骨：恨到骨头里去。形容痛恨到极点。

骨肉相连：像骨头和肉一样互相连接着。比喻关系非常密切，不可分离。

连绵不绝：连续而不中断。

绝处逢生：绝处：死路。形容在最危险的时候得到生路。

生死与共：同生共死，相依为命。形容情谊极深重。

共商国是：国是：国事，国家的大政方针。共同商量国家的政策和方针。

是非曲直：正确还是不正确，有理还是无理。

直言不讳：讳：避忌，隐讳。说话坦率，毫无顾忌。

讳莫如深：讳：隐讳；深：事件重大。原意为事件重大，讳而不言。后指把事情隐瞒得很紧。

深入浅出：指讲话或文章的内容深刻，语言文字却浅显易懂。

出其不意： 其：代词，对方；不意：没有料到。趁对方没有意料到就采取行动。

意料之外： 没有想到的。

外强中干： 干：枯竭。形容外表强壮，内里空虚。

干净利落： 利落：灵活敏捷，也指整齐，有条理。形容没有多余的东西。也形容动作熟练、敏捷准确。

落井下石： 看见人要掉进井里，不伸手救他，反而推他下去，又扔下石头。比喻乘人有危难时加以陷害。

石沉大海： 石头沉到海底。比喻从此没有消息。

海阔天空： 像大海一样辽阔，像天空一样无边无际。形容大自然的广阔。比喻言谈议论等漫无边际，没有中心。

空谷传声： 在山谷里叫喊一声，立刻听到回声。比喻反应极快。

声势浩大： 声势：声威和气势；浩：广大。声威和气势非常壮大。

大呼小叫： 高一声低一声地乱叫乱喊。

叫苦连天： 不住地叫苦。形容十分痛苦。

天长日久： 时间长，日子久。

久闻大名： 闻：听到。早就听到对方的盛名。多用作初见面时的客套话。

名落孙山： 名字落在榜末孙山的后面。指考试或选拔没有被录取。

山摇地动： 大地震动，山也摇摆，形容声势浩大或斗争激烈。

动之以情： 用感情来打动他人的心。

情深似海： 形容情爱深厚，像大海一样不可量。

海晏河清： 晏：平静。黄河水清了，大海没有浪了。比喻天下太平。

清尘浊水： 清尘：喻他人；浊水：喻自己。比喻相隔很远，会面没有希望。

水火无情： 指水和火是不讲情面的，如疏忽大意，容易造成灾祸。

情投意合： 投：相合。形容双方思想感情融洽，合得来。

和盘托出： 和：连同。连盘子也端出来了。比喻全都讲出来，毫不保留。

出其不备： 指行动出乎人的意料。

备而不用： 准备好了，以备急用，眼下暂存不用。

用其所长： 使用人的专长。

长眠不起： 死亡的别称。

起死回生： 把快要死的人救活。形容医术高明。也比喻把已经没有希望的事物挽救过来。

生不逢时： 生下来没有遇到好时候。旧时指命运不好。

成语故事大观园

外强中干

春秋时代的晋献公死后，晋公子夷吾结束逃亡生活，回到晋国继承王位当上了国君即晋惠公。

在夷吾的逃亡生涯中，曾经答应过秦穆公，若是有一天他能够有机会回国当上国君，他就把五座城镇割让给秦国，以报救命之恩。可是，当上国君之后的夷吾并没有实现诺言。

后来秦国发生饥荒，晋惠公也没有伸出援手帮助秦国，秦穆公为此怀恨在心。后来，秦穆公发兵攻打晋国，很快就打到晋国的一个城镇，为了抵抗强大的秦军，晋惠公亲自领兵反抗。他下令拉战车的马，一定要用郑国的骏马。大臣庆郑看到，连忙对晋惠公说："庆郑的马看起来虽然很强壮，但是实际上却很虚弱，打起仗来一紧张就会不听指挥。到那时，进退不得，大王还是不要做此决定吧！"但是晋惠公一点都听不进大臣的劝告，果然，没多久晋惠公的马车就不听指挥了，而晋惠公一下就被秦军捉住，当了俘虏，晋国因此而大败。

庆郑所说的"外强中干"这句话后来就成了成语。"外"是外表，表面；"中"是中间，内部；"干"是干枯、空虚。用来形容外表强大，实际上内部力量空虚。

趣味游戏乐翻天

一、成语接龙考考你

安 邦 定 □ 计 民 □ 死 存 □

功 行 □ 心 悦 □ 不 □ 羊 补

怪 □ 不

谈 光 宝 气 暇 不

□ □ 踵 可

无 明 而 绽

淡 上 □ 百

□ 反 如 □ 不 之 □

不 □ 碎 敲 □ 为 整 □ 入 神

抱

122

二、选填反义词

下面的磁极北极都有一个成语，请再选择一个反义的成语放到南极。

藕断丝连　惹是生非　屈指可数　假公济私　损人利己

安分守己	N　　S	
数不胜数	N　　S	
一刀两断	N　　S	
舍己为人	N　　S	
大公无私	N　　S	

三、补充成语

将下列成语补充完整，并概括所填成语的特点。

（　）呼（　）拥　　　　眼（　）手（　）

（　）倒（　）歪　　　　积（　）成（　）

（　）顾（　）盼　　　　同（　）共（　）

（　）经（　）义　　　　半（　）半（　）

归纳所填字的特点：_____

常用成语接龙游戏

第十六章
文字叠叠乐无边

成语接龙乐不停

时过境迁		迁怒于人
人才济济		济济一堂
堂堂正正		正大光明
明明白白		白发苍苍
苍白无力		力争上游
游山玩水		水落石出
出人意料		料事如神
神不守舍		舍己为人

人我是非		非亲非故
故土难离		离奇古怪
怪声怪气		气象万千
千钧一发		发上冲冠
冠冕堂皇		皇天后土
土崩瓦解		解甲归田
田连阡陌		陌路相逢
逢场作乐		乐不可言
言之有理		理直气壮
壮志未酬		酬功给效
效死输忠		忠肝义胆
胆大妄为		为人师表

查查成语·小词典

时过境迁： 迁：变动。随着时间的推移，情况发生变化。

迁怒于人： 受甲的气向乙发泄或自己不如意时拿别人出气。

人才济济： 济济：众多的样子。形容有才能的人很多。

济济一堂： 济济：形容人多。形容很多有才能的人聚集在一起。

堂堂正正： 堂堂：盛大的样子；正正：整齐的样子。原形容强大整齐的样子，现也形容光明正大。也形容身材威武，仪表出众。

正大光明： 心怀坦白，言行正派。

明明白白： 清清楚楚，明确无误。

白发苍苍： 苍苍：灰白色。头发灰白。形容人的苍老。

苍白无力： 苍白：灰白。形容贫弱无力。

力争上游： 上游：河的上流，比喻先进的地位。努力奋斗，争取先进。

游山玩水： 游览、玩赏山水景物。

水落石出： 水落下去，水底的石头就露出来。比喻事情的真相完全显露出来。

126

出人意料： 出乎人们意料之外。

料事如神： 料：预料。预料事情像神仙一样准确。形容预料事情非常准确。

神不守舍： 神魂离开了身体，比喻丧魂失魄，心神不安定。

舍己为人： 舍弃自己的利益去帮助别人。

人我是非： 是非：争执，纠纷。人与人之间的各种利害关系和纠纷。

非亲非故： 故：老友。不是亲属，也不是熟人。表示彼此没有什么关系。

故土难离： 故土：出生地，或过去住过的地方，这里指故乡、祖国。难于离开故乡的土地。形容对家乡或祖国有无限的眷恋之情。

离奇古怪： 十分奇特少见。

怪声怪气： 形容声音、语调、唱腔等滑稽或古怪难听。

气象万千： 气象：情景。形容景象或事物壮丽而多变化。

千钧一发： 比喻情况万分危急。

发上冲冠： 犹言发上指冠。形容极度愤怒。

冠冕堂皇： 冠冕：古代帝王、官吏的帽子；堂皇：很有气派的样子。形容外表庄严或气派的样子。

皇天后土： 皇天：古代称天；后土：古代称地。指天地。旧时迷信天地能主持公道，主宰万物。

土崩瓦解： 瓦解：比喻事物的分裂。像土崩塌，瓦破碎一样，不可收拾。比喻彻底垮台。

解甲归田： 解：脱下；甲：古代将士打仗时穿的战服。脱下军装，回家种地。指战士退伍还乡。

田连阡陌： 阡陌：田间小路。形容田地广袤，接连不断。

陌路相逢： 与陌生人相遇在一起。

逢场作乐： 犹言逢场作戏。偶尔随俗应酬凑凑热闹。

乐不可言： 快乐到了极点，没法用语言来表达。

言之有理： 说的话有道理。

理直气壮： 理直：理由正确、充分；气壮：气势旺盛。理由充分，说话气势就壮。

壮志未酬： 酬：实现。旧指潦倒的一生，志向没有实现就衰老了。也指抱负没有实现就去世了。

酬功给效： 效，呈献，献出（生命者）。指赏赐有功劳者。

效死输忠： 指竭尽忠诚。

忠肝义胆： 忠心耿耿，仗义行事。

胆大妄为： 妄为：胡搞，乱做。毫无顾忌地干坏事。

为人师表： 师表：榜样，表率。在人品学问方面作别人学习的榜样。

128

成语故事大观园

水落石出

　　苏轼，字子瞻，号东坡居士，是北宋著名文学家苏洵的长子。神宗当皇帝的时候，采用王安石的变法政策，苏轼因不赞成新法，和王安石辩论。那时王安石很为神宗所器重，苏轼敌不过他，被贬到湖北当团练副使，他在黄州的东坡地方，建筑了一间居住，所以又称苏东坡，自号"东坡居士"。

　　苏东坡喜欢山水，时时出去游玩。赤壁是三国时东吴和蜀汉联军大破曹操的地方。赤壁在湖北有三处：一在汉水之侧，竟陵之东，即复州；一在齐安之步下，即黄州；一在江夏之西南一百里，今属汉阳县。江夏西南一百里之赤壁，正是曹公败处，东坡所游之赤壁在黄州汉川门外，不是曹公失败的地方，东坡自己也知道，他先后做了两篇赤壁赋，只是借题发挥而已，名同地异，因他的才思横溢，文笔出众，使后人对于赤壁这地方，都怀有向往的心情，在后赤壁赋中，他有这样几句"……于是携酒与鱼，复游于赤壁之下，江流有声，断岸千尺，山高月小，水落石出，曾日月之几何，而江山不可复识矣……"

　　"水落石出"在苏轼的赋中，本来是指冬的一种风景，但后人把这"水落石出"四字，用作真相毕露被悉破的意思。也有人把一件事情的原委弄清楚以后，等到真相大白，叫作水落石出。

趣味游戏乐翻天

一、成语接龙考考你

气　定　　　　容　月
　　神　　生　　　　合　　然　不
　　　　下　　　　合　　　　　　全
　　来　之　　　　合　神　　精　大
　　　　　　　　　　　　小
　　连　指　　叛　经　　　　促
惊　　　　　　　　　　道　不
肉　　答　　听　途　　长
跳　　一　　　　　　　　居
　　好　学　　于　精　　乐

二、选词填空

比比 漫漫 绰绰 脉脉 步步 洋洋 楚楚 粼粼	

		皆	是
		为	营
		动	人
		有	余

波	光		
长	夜		
得	意		
含	情		

三、看图猜成语

白发（ ）（ ）

怒气（ ）（ ）

（ ）（ ）玉立

（ ）（ ）见山

常用成语接龙游戏

第十七章
玩玩心情大转盘

成语接龙乐不停

本末倒置		置之度外
外柔内刚		刚愎自用
用心良苦		苦心经营
营私舞弊		弊车羸马
马上看花		花香鸟语
语妙天下		下笔千言
言听计从	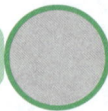	从容不迫
迫不及待		待价而沽

沽名钓誉		誉满天下
下车伊始		始终如一
一网打尽		尽忠报国
国仇家恨		恨海难填
填街塞巷		巷尾街头
头昏眼花		花枝招展
展翅高飞		飞沙走石
石破天惊		惊弓之鸟
鸟枪换炮		炮火连天
天下第一		一败涂地
地大物博		博大精深
深信不疑		疑神疑鬼

查查成语小词典

本末倒置： 本：树根；末：树梢；置：放。比喻把主要事物和次要事物或事物的主要方面和次要方面弄颠倒了。

置之度外： 指不（把生死、利害等）放在心上。

外柔内刚： 柔：柔弱；内：内心。外表柔和而内心刚正。

刚愎自用： 愎：任性；刚愎：强硬固执；自用：自以为是。十分固执自信，不考虑别人的意见。

用心良苦： 用心：认真思考；良：很。很费心思地反复思考。

苦心经营： 经营：筹划，管理。用尽心思去筹划安排。

营私舞弊： 营：谋求；舞：玩弄；弊：指坏事。因图谋私利而玩弄欺骗手段做犯法的事。

弊车羸马： 破车瘦马。比喻处境贫穷。

马上看花： 指粗略行事，走马看花。

花香鸟语： 鸟语：鸟鸣如同讲话一般。形容春天动人的景象。

语妙天下： 形容言语精妙无比。

下笔千言： 千言：长篇大论。形容文思敏捷，写作迅速。

言听计从： 听：听从。什么话都听从，什么主意都采纳。形容对某人十分信任。

从容不迫： 从容：不慌不忙，很镇静；不迫：不急促。不慌不忙，沉着镇定。

迫不及待： 迫：紧急。急迫得不能等待。形容心情急切。

待价而沽： 沽：卖。等有好价钱才卖。比喻谁给好的待遇就替谁工作。

沽名钓誉： 沽：买；钓：用饵引鱼上钩，比喻骗取。用某种不正当的手段捞取名誉。

誉满天下： 美好的名声天下皆知。亦作"誉满寰中"、"誉塞天下"。

下车伊始： 伊：文言助词；始：开始。旧指新官刚到任。现比喻带着工作任务刚到一个地方。

始终如一： 始：开始；终：结束。自始自终一个样子。指能坚持，不间断。

一网打尽： 比喻一个不漏地全部抓住或彻底肃清。

尽忠报国： 为国家竭尽忠诚。

国仇家恨： 国家被侵略之仇，家园被破坏之恨。

恨海难填： 恨海：怨恨如海；难填：难于填塞。比喻怨气难平。

填街塞巷： 形容人非常多。

巷尾街头： 指大街小巷。

头昏眼花： 头脑昏晕，眼睛发花。

花枝招展： 招展：迎风摆动的样子。形容打扮得十分艳丽。

展翅高飞： 指鸟展开翅膀远远飞走了。比喻充分发挥才能，施展抱负。

飞沙走石： 沙土飞扬，石块滚动。形容风势狂暴。

石破天惊： 原形容箜篌的声音，忽而高亢，忽而低沉，出人意外，有难以形容的奇境。后多比喻文章议论新奇惊人。

惊弓之鸟： 被弓箭吓怕了的鸟不容易安定。比喻经过惊吓的人碰到一点动静就非常害怕。

鸟枪换炮： 形容情况或条件有很大的好转。

炮火连天： 形容炮火非常猛烈。

天下第一： 形容没有人能比得上。

一败涂地： 形容失败到了不可收拾的地步。

地大物博： 博：丰富。指国家疆土辽阔，资源丰富。

博大精深： 博：广，多。形容思想和学识广博高深。

深信不疑： 非常相信，没有一点怀疑。

疑神疑鬼： 这也怀疑，那也怀疑。形容非常多疑。

成语故事大观园

惊弓之鸟

战国时，魏国有一个叫更羸的射箭能手。有一天，更羸与魏王在京台之下，看见有一只鸟从头顶上飞过。更羸对魏王说："大王，我可以不用箭，只要拉一下弓，这只大雁就能掉下来。""射箭能达到这样的功夫？"魏王问。更羸说道："可以。"说话间，有大雁从东方飞来。当大雁飞近时，只见更羸举起弓，不用箭，拉了一下弦，随着"咚"的一声响，正飞着的大雁就从半空中掉了下来。魏王看到后大吃一惊，连声说："真有这样的事情！"便问更羸不用箭怎么将空中飞着的雁射下来的。更羸对魏王讲："没什么，这是一只受过箭伤的大雁。""你怎么知道这只大雁受过箭伤呢？"魏王更加奇怪了。更羸继续对魏王说："这只大雁飞得慢，叫得悲。"更羸接着讲："叫得悲是因为它离开同伴已很久了。伤口在作痛，还没有好，它心里又害怕。当听到弓弦声响后，害怕再次被箭射中，于是就拼命往高处飞。一使劲，本来未愈的伤口又裂开了，疼痛难忍，再也飞不动了，就从空中掉了下来。"

趣味游戏乐翻天

一、成语接龙考考你

跳 梁 小 □ 态 百 □ 口 伤

□

山

塑 □ 如 醉 石 桔 □ 人

木

□

虫 小 □ 不 如 □ 生 如 □

寐

异 存 同 □ 以

138

二、成语分类

把下列表示心情的成语填到同类别的方框内。

忿忿不平 喜上眉梢 心有余悸 大惊失色 勃然变色
神采飞扬 痛不欲生 兴高采烈 战战兢兢 肝肠寸断
勃然大怒 悲痛欲绝

描写高兴的成语：＿＿＿＿＿＿＿＿＿＿＿＿＿＿＿＿＿＿

描写悲伤的成语：＿＿＿＿＿＿＿＿＿＿＿＿＿＿＿＿＿＿

描写生气的成语：＿＿＿＿＿＿＿＿＿＿＿＿＿＿＿＿＿＿

描写害怕的成语：＿＿＿＿＿＿＿＿＿＿＿＿＿＿＿＿＿＿

三、看图猜成语

貌合神离　　小心翼翼　　捧腹大笑　　迫在眉睫

（　　　　　　）

（　　　　　　）

（　　　　　　）

（　　　　　　）

常用成语接龙游戏

第十八章
朝朝暮暮无穷尽

成语接龙乐不停

鬼哭神号		号天叩地
地广人稀		稀奇古怪
怪诞不经		经久不息
息息相关		关怀备至
至理名言		言不及义
义胆忠肝		肝胆相照
照本宣科		科班出身
身价百倍		倍道兼行

行尸走肉	◯	肉眼凡夫
夫唱妇随	◯	随遇而安
安之若素	◯	素昧平生
生死相依	◯	依依惜别
别恨离愁	◯	愁肠百结
结草衔环	◯	环肥燕瘦
瘦骨如柴	◯	柴米油盐
盐梅之寄	◯	寄人篱下
下不为例	◯	例行公事
事必躬亲	◯	亲仁善邻
邻女窥墙	◯	墙头马上
上天入地	◯	地坼天崩

查查成语小·词典

鬼哭神号： 形容哭叫悲惨凄厉。

号天叩地： 叩：敲击，撞击。向着天大声哭叫，将自己的头撞向地面。形容十分悲痛。

地广人稀： 地方大，人烟少。

稀奇古怪： 指很少见，很奇异，非同一般。

怪诞不经： 怪诞：离奇古怪；不经：不合常理。指言语奇怪荒唐，不合常理。

经久不息： 经过长时间停不下来。

息息相关： 息：呼吸时进出的气。呼吸也相互关联。形容彼此的关系非常密切。

关怀备至： 关心得无微不至。

至理名言： 至：最；名：有名声的。最正确的道理，最精辟的言论。

言不及义： 及：涉及；义：正经的道理。指净说些无聊的话，没有一句正经的。

义胆忠肝： 指为人正直忠贞。

肝胆相照： 肝胆：比喻真心诚意。比喻以真心相见。

照本宣科： 照着本子念条文。形容讲课、发言等死板地按照课文、讲稿，没有发挥，不生动。

科班出身： 比喻具备受过正规教育或训练的资格。

身价百倍： 身价：指社会地位。指名誉地位一下子大为提高。

倍道兼行： 倍、兼：加倍；道：指行程。每天加倍行进，一天走两天的路程。形容加速急行。

行尸走肉： 行尸：可以走动的尸体；走肉：会走动而没有灵魂的躯壳。比喻不动脑筋，不起作用，糊里糊涂过日子的人。

肉眼凡夫： 肉眼：佛经中有五眼，分别为天眼、肉眼、慧眼、法眼、佛眼，肉眼为肉身之眼,也泛指俗眼;凡夫：指凡人。指尘世平常的人。

夫唱妇随： 随：附和。原指封建社会认为妻子必须服从丈夫，后比喻夫妻和谐相处。

随遇而安： 随：顺从；遇：遭遇。指能顺应环境，在任何境遇中都能满足。

安之若素： 安：安然，坦然；之：代词，指人或物；素：平常。安然相处，和往常一样，不觉得有什么不合适。

素昧平生： 昧：不了解；平生：平素、往常。彼此一向不了解。指与某人从来不认识。

生死相依： 在生死问题上互相依靠。形容同命运，共存亡。

依依惜别： 依依：留恋的样子；惜别：舍不得分别。形容十分留恋，舍不得分开。

别恨离愁： 分离前后惜别、相思的愁苦情绪。

愁肠百结： 愁肠：忧愁的心肠。百结：极多的结头。忧愁苦闷的心肠好像凝结成了许多的疙瘩。形容愁绪郁结，难于排遣。

结草衔环： 结草：把草结成绳子，搭救恩人；衔环：嘴里衔着玉环。旧时比喻感恩报德，至死不忘。

环肥燕瘦： 形容女子形态不同，各有各好看的地方。也借喻艺术作品风格不同，而各有所长。

瘦骨如柴： 十分削瘦的样子。

柴米油盐： 泛指一日三餐的生活必需品。

盐梅之寄： 比喻可托付重任。

寄人篱下： 寄：依附。依附于他人篱笆下。比喻依附别人生活。

下不为例： 下次不可以再这样做。表示只通融这一次。

例行公事： 按照惯例办理的公事。现在多指刻板的形式主义的工作。

事必躬亲： 躬亲：亲自。不论什么事一定要亲自去做，亲自过问。形容办事认真，毫不懈怠。

亲仁善邻： 与邻者亲近，与邻邦友好。

邻女窥墙： 战国时宋玉邻家有美女倾心于他，三年间常爬上墙头偷窥，但宋玉从未动心。后形容女子对男子的倾慕。

墙头马上： 为男女爱慕之典实。

上天入地： 升上天空，钻入地下。形容神通广大，也比喻为实现某种目的而四处奔走。

地坼天崩： 坼：开裂；崩：倒塌。地裂开，天崩塌。原指地震，后来多比喻重大变故。

成语故事大观园

结草衔环

公元前594年，秦桓公出兵伐晋，晋军和秦兵在晋地辅氏交战，晋将魏颗与秦将杜回相遇，正在难分难解之际，魏颗突然见一老人用草编的绳子套住杜回，使这位秦国大力士站立不稳，摔倒在地，当场被俘，魏颗在这次战役中大败秦师。

原来，晋国大夫魏武子有位爱妾祖姬，无子。魏武子生病时嘱咐儿子魏颗说："我若死了，你一定要选良配把她嫁出去。"后来魏武子病重，又对魏颗说："我死之后，一定要让她为我殉葬，使我在九泉之下有伴。"等到魏武子死后，魏颗没有把祖姬杀死陪葬，而是把她嫁给了别人。

晋军获胜收兵后，魏颗在梦中见到那位老人，老人说：我是"你所嫁出去的夫人的父亲，你听从了先人留给你的好的命令，没有让我女儿陪葬，所以我结草擒住杜回来报答你！"

杨宝九岁时，在华阴山北，见一黄雀被老鹰所伤，坠落在树下，为蝼蚁所困。杨宝怜之，就将它带回家，放在巾箱中，百日之后羽毛丰满，振翅飞走。当夜，有一黄衣童子向杨宝拜谢说："我是西王母的使者，君仁爱救拯，实感成济。"并以白环四枚赠与杨宝，说："它可保佑君的子孙位列三公，为政清廉，处世行事像这玉环一样洁白无瑕。"

后来，果如黄衣童子所言，杨宝的儿子杨震、孙子杨秉、曾孙杨赐、玄孙杨彪四代都官至太尉，且都刚正不阿，为政清廉，他们的美德为后人所传诵。

趣味游戏乐翻天

一、成语接龙考考你

异	想	天		诚	布		私	兼	

名

处	身		地	造		云	薄		思

动	山		头	摆		大	不		以

轻

水	止	如	

二、成语归类

把下列形容时间的成语放进合适的方框内。

烈日当空　　日薄西山　　皓月当空　　暮色苍茫

雄鸡报晓　　满天繁星　　骄阳似火　　旭日东升

早晨：

中午：

黄昏：

夜晚：

三、填入恰当的时间词

朝　　暮　　晨　　夜

迟		之	年

	光	熹	微

	不	闭	户

昏	定		省

	令	夕	改

	郎	自	大

	发	夕	至

日		穷	途

第十九章
一字多音很神奇

成语接龙乐不停

饮风餐露		露宿风餐
餐风沐雨		雨打风吹
吹弹得破		破涕为笑
笑里藏刀		刀光剑影
影只形单		单枪匹马
马革裹尸		尸横遍野
野鹤闲云		云集响应
应变无方		方正不阿

阿谀奉承	○	承欢膝下
下马冯妇	○	妇孺皆知
知命乐天	○	天下为公
公正廉洁	○	洁身自好
好高骛远	○	远见卓识
识文断字	○	字里行间
间不容息	○	息事宁人
人浮于事	○	事无巨细
细水长流	○	流水无情
情窦初开	○	开诚布公
公之于众	○	众口难调
调嘴弄舌	○	舌灿莲花

查查成语小词典

饮风餐露： 饮食风露。比喻远离世俗而生活或旅途艰辛。

露宿风餐： 在露天过夜，在风口吃饭。形容行旅生活的辛苦。

餐风沐雨： 餐：吃；沐：洗。以风充饥，用雨水洗头。形容旅行或野外生活的艰辛。

雨打风吹： 原指花木遭受风雨摧残。比喻恶势力对弱小者的迫害。也比喻严峻的考验。

吹弹得破： 好像吹一吹、弹一弹就会弄破似的。形容面部的皮肤非常细嫩。

破涕为笑： 涕：眼泪。一下子停止了哭泣，露出笑容。形容转悲为喜。

笑里藏刀： 形容对人外表和气，内心却阴险毒辣。

刀光剑影： 隐约显现出刀剑的闪光和影子。形容环境充满了凶险的气氛。

影只形单： 犹形单影只。只有自己的身体和自己的影子。形容孤独，没有同伴。

单枪匹马： 原指打仗时一个人上阵。比喻行动没人帮助。

马革裹尸： 马革：马皮。用马皮把尸体裹起来。指英勇牺牲在战场。

尸横遍野： 尸体到处横着。形容死者极多。

野鹤闲云： 闲：无拘束。飘浮的云，野生的鹤。旧指生活闲散、脱离世事的人。

云集响应： 大家迅速集合在一起，表示赞同和支持。

应变无方： 随机应变，不墨守成规。

方正不阿： 方正：品行正直；阿：阿谀，谄媚。指为人品行正直，不逢迎谄媚。

阿谀奉承： 阿谀：用言语恭维别人；奉承：恭维，讨好。曲从拍马，迎合别人，竭力向人讨好。

承欢膝下： 承欢：旧指侍奉父母；膝下：子女幼时依于父母膝下，故表示幼年。旧指侍奉父母。

下马冯妇： 比喻重操旧业的人。

妇孺皆知： 孺：小孩。妇女、小孩全都知道。指众所周知。

知命乐天： 命：命运；天：天意。安于自己的处境，由命运安排。这是相信宿命论的人生观。

天下为公： 原意是天下是公众的，天子之位，传贤而不传子，后成为一种美好社会的政治理想。

公正廉洁： 指廉洁奉公，不徇私情。

洁身自好： 保持自身纯洁，不同流合污。也指怕招惹是非，只顾自己好，不关心公众事情。

好高骛远： 好：喜欢；骛：追求。比喻不切实际地追求过高过远的目标。

远见卓识： 有远大的眼光和高明的见解。

识文断字： 识字。指有一点文化知识。

字里行间： 指文章的某种思想感情没有直接说出而是通过全篇或全段文字透露出来。

间不容息： 间：中间；容：容纳；息：喘息。中间都不容喘一口气。形容时机紧迫，不容延误。

息事宁人： 息：平息；宁：使安定。原指不生事，不骚扰百姓，后指调解纠纷，使事情平息下来，消除事端，使人们平安相处。

人浮于事： 浮：超过。原指人的才德高过所得俸禄的等级。后指工作中人员过多或人多事少。

事无巨细： 事情不分大小。形容什么事都管。同"事无大小"。

细水长流： 比喻节约使用财物，使日常不缺用度。也比喻一点一滴不间断地做某件事。

流水无情： 流水一去不复返，毫无情意。比喻时光消逝，无意停留。

情窦初开： 窦：孔穴；情窦：情意的发生或男女爱情萌动。指刚刚懂得爱情（多指少女）。

开诚布公： 开诚：敞开胸怀，显示诚意。指以诚心待人，坦白无私。

公之于众： 公：公开；之：代指事物的内容；于：向；众：大众。把事情真相向大家公布。

众口难调： 原意是各人的口味不同，很难做出一种饭菜使所有的人都感到好吃。比喻做事很难让所有的人都满意。

调嘴弄舌： 调嘴：耍嘴皮。指背地里说人闲话，搬弄是非。

舌灿莲花： 多为褒义词，指口若悬河，滔滔不绝。形容人口才好，能言善道，有如莲花般美妙。

成语故事大观园

马革裹尸

东汉初的名将马援，英雄善战，为东汉王朝的建立立下汗马功劳。后来，他又率兵平定了边境的动乱，威震南方。公元41年马援被刘秀封为伏波将军。

过了三年，马援从西南方打了胜仗回到京城洛阳，亲友们都高兴地向他表示祝贺和慰问。其中有个名叫孟翼的，平时以有计谋出名，也向马援说了几句恭维话。不料马援听了，皱着眉头对他说："我盼望先生能说些指教我的话。为什么先生也随波逐流，一味地对我说夸奖的话呢？"

孟翼听了很窘，一时不知如何应对才好。马援见他不说话，便说道："如今，匈奴和乌桓还在北方不断侵扰，我打算向朝廷请战，请求作为先锋，有志的男儿应该战死在边疆荒野的战场上，不用棺材敛尸，而只用马的皮革裹着尸体回来埋葬，怎么能躺在床上，死在儿女的身边呢？"六十二岁那年，马援又主动请求出征武陵。原来，那时武陵的少数民族首领发动叛乱，光武帝派兵去征讨，结果全军覆没，急需再有人率军前往。光武帝考虑马援年纪大了，不放心他出征。马援见没有下文，直接找光武帝，说："我还能披甲骑马，请皇上让我带兵去吧。"说罢，当场向光武帝表演了骑术。光武帝见他精神矍铄，矫健的动作不减当年，便批准了他的请求。

第二年，马援因长期辛劳，患了重病，在军中死去，应验了他"马革裹尸"的誓言。

趣味游戏乐翻天

一、成语接龙考考你

水 涨 船 [ ] 风 亮 [ ] 衣 缩 [ ]

古

[ ] 济 一 [ ] 堂 正 [ ] 人　　不

济　　　　　　　　　　　　　　君　　为

才　　淡 风 轻　　　　　　　　乌

　　　　　　　　　　　　　　虚　　鸟

在　　凌　　　　　　　　　　乌

事　　志　　　　　　　　　　　　始

　　　　气 直　　有 条　　　　有

多

智 [ ] 手 如　　躬 必 [ ] 大 身

154

二、给下面成语中的多音字注音

方兴未艾（　　）
自怨自艾（　　）

重蹈覆辙（　　）
语重心长（　　）

弹丸之地（　　）
弹冠相庆（　　）

当机立断（　　）
安步当车（　　）

翻江倒海（　　）
倒背如流（　　）

恶贯满盈（　　）
深恶痛绝（　　）

三、选择同音字

请将下列句子中与成语中的字读音相同的选出来。

安土重迁

1、这些东西很重，我搬不动。
2、虽然这次失败了，但是我们还能重新再来。
3、他终于可以重见天日了。

退避三舍

1、我们宿舍的人相处的很融洽。
2、为了取得成功，他已经舍弃了很多东西。
3、虽然有些不舍，但我还是吧我心爱的的港币送给了同桌。

第二十章 古诗成语我的家

成语接龙乐不停

花天酒地		地载万物
物竞天择		择木而处
处变不惊		惊涛骇浪
浪迹江湖		湖光山色
色艺双全		全军覆没
没世不忘		忘年之交
交头接耳		耳闻目睹
睹物思人		人穷志短

短吃少穿		穿壁引光
光怪陆离		离群索居
居安思危		危言耸听
听而不闻		闻风丧胆
胆小如鼠		鼠窃狗盗
盗亦有道		道骨仙风
风云变色		色色俱全
全知全能		能征惯战
战战兢兢		兢兢业业
业业矜矜		矜才使气
气吞山河		河鱼腹疾
疾风劲草		草木皆兵

查查成语小·词典

花天酒地： 形容沉湎在酒色之中。花，指妓女。

地载万物： 大地承载万物。

物竞天择： 生物相互竞争，能适应者生存下来。原指生物进化的一般规律，后也用于人类社会的发展。

择木而处： 鸟儿选择合适的树木做巢。旧时比喻选择贤君明主，为其效命。

处变不惊： 喻处在变乱之中，能沉着应付，一点儿也不慌张。

惊涛骇浪： 涛：大波浪；骇：惊怕。汹涌吓人的浪涛。比喻险恶的环境、遭遇或艰难的考验，也形容海浪汹涌的可怕的情景。

浪迹江湖： 浪迹：到处流浪；江湖：泛指各地。到处漂泊，没有固定的住处。

湖光山色： 湖的风光，山的景色。指有水有山，风景秀丽。

色艺双全： 色艺：容貌和技艺。姿色和技艺都有，非常美妙。

全军覆没： 整个军队全部被消灭。比喻事情彻底失败。

没世不忘： 一辈子也忘不了。

忘年之交： 年纪辈分不相当而结交为友。

交头接耳： 交头：头靠着头；接耳：嘴凑近耳朵。形容两个人凑近低声交谈。

耳闻目睹： 闻：听见；睹：看见。亲耳听到，亲眼看见。

睹物思人： 睹：看；思：思念。看见死去或离别的人留下的东西就想起了这个人。

人穷志短： 穷：困厄；短：短小。人的处境困厄，志向也就小了。

短吃少穿： 指衣食困乏。

穿壁引光： 穿：凿通；引：引进。凿通墙壁，引进烛光。形容家贫读书刻苦。

光怪陆离： 光怪：光彩奇异；陆离：分散参差。形容奇形怪状，五颜六色。

离群索居： 索：孤单。离开集体或群众，过孤独的生活。

居安思危： 居：处于；思：想。虽然处在平安的环境里，也想到有出现危险的可能。指随时有应付意外事件的思想准备。

危言耸听： 危言：使人吃惊的话；耸：惊动；耸听：使听话的人吃惊。指故意说些夸大的吓人的话，使人惊疑震动。

听而不闻： 闻：听。听了跟没听到一样。形容不关心，不在意。

闻风丧胆： 丧胆：吓破了胆。听到风声，就吓得丧失了勇气。形容对某种力量非常恐惧。

胆小如鼠： 胆子小得像老鼠。形容非常胆小。

鼠窃狗盗： 像老鼠少量窃取，像狗钻油偷盗。指小偷小摸。

盗亦有道： 道：道理。盗贼也有他们的那一套道理准则。

道骨仙风： 指有得道者及仙人的气质神采。

风云变色： 比喻局势的变化巨大。

色色俱全： 各种各样的东西都很齐全。

全知全能： 无所不知，无所不能。

能征惯战： 形容作战经验丰富，很能打仗。

战战兢兢： 战战：恐惧的样子；兢兢：小心谨慎的样子。形容非常害怕而微微发抖的样子。也形容小心谨慎的样子。

兢兢业业： 兢兢：形容小心谨慎；业业：畏惧的样子。形容做事谨慎、勤恳。

业业矜矜： 小心谨慎的样子。

矜才使气： 矜：自夸；使气：意气用事。倚仗自己的才能，使意气，不谦虚。

气吞山河： 气势可以吞没山河。形容气魄很大。

河鱼腹疾： 河鱼：腹疾的隐称，因鱼腐烂是从腹中开始而得名。指腹泻。

疾风劲草： 在猛烈的大风中，只有坚韧的草才不会被吹倒。比喻只有经过严峻的考验，才知道谁真正坚强。

草木皆兵： 把山上的草木都当作敌兵。形容人在惊慌时疑神疑鬼。

成语故事大观园

草木皆兵

东晋时代，秦王符坚控制了北部中国。公元 383 年，符坚率领步兵、骑兵九十万攻打江南的晋朝。晋军大将谢石、谢玄领兵八万前去抵抗。符坚得知晋军兵力不足，就想以多胜少，抓住机会，迅速出击。

谁料，符坚的先锋部队二十五万在寿春一带被晋军奇袭击败，损失惨重，大将被杀，士兵死伤万余。秦军的锐气大挫，军心动摇，士兵惊恐万状，纷纷逃跑。此时，符坚在寿春城上望见晋军队伍严整，士气高昂，再北望八公山，只见山上一草一木都像晋军的士兵一样。符坚回过头对弟弟说："这是多么强大的敌人啊！怎么能说晋军兵力不足呢？"他后悔自己过于轻敌了。

出师不利给符坚心头蒙上了不祥的阴影，他令部队靠淝水北岸布阵，企图凭借地理优势扭转战局。这时晋军将领谢玄提出要求，要秦军稍往后退，让出一点地方，以便渡河作战。符坚暗笑晋军将领不懂作战常识，想利用晋军忙于渡河难于作战之机，来个突然袭击，于是欣然接受了晋军的请求。

谁知，后退的军令一下，秦军如潮水一般溃不成军，而晋军则趁势渡河追击，把秦军杀得丢盔弃甲，尸横遍地。符坚中箭而逃。

趣味游戏乐翻天

一、成语接龙考考你

十

轻 车 熟 □ 不 拾 □ 臭 □ 年

火

昏 智 令 □ 近 功 □

二、补充成语

根据下列诗句补充成语。

1. 谁言寸草心，报得三春晖。
    寸草春（　）

2. 满园春色关不住，一枝红杏出墙来。
    满园（　）色

3. 谁知盘中餐，粒粒皆辛苦。
    来之不（　）

4. 桃花潭水深千尺，不及汪伦送我情。
   无与（　）比

5. 千山鸟飞绝，万径人踪灭。
   销声（　）迹

三、选成语填句子

找出诗句中含有的成语，并将成语填到合适的句子中。

我劝天公重抖擞，不拘一格降人才。（　　）

春风得意马蹄疾，一日看尽长安花。（　　）

粉身碎骨浑不怕，要留清白在人间。（　　）

一掷千金浑是胆，家徒四壁无人知。（　　）

身无彩凤双飞翼，心有灵犀一点通。（　　）

1. 快速的领悟力，迅捷的推断，彼此都_____。

2. 看他_____的样子，我想一定是榜上题名了。

3. 为了革命的胜利，战士们在战斗中即便是_____也毫无畏惧。

4. 用钱若是_____，毫无节制，纵使有亿万家财，也有用尽的一天。

5. 他大胆打破规矩，_____地创作新体裁小说。

常用成语接龙游戏

第二十一章
大家一起来找茬

成语接龙乐不停

兵多将广  广结良缘

缘木求鱼  鱼死网破

破绽百出  出尘不染

染风习俗  俗不可耐

耐人咀嚼  嚼墨喷纸

纸上谈兵  兵不厌诈

诈取豪夺  夺门而出

出口成章  章句之徒

徒劳往返		返老还童
童叟无欺		欺世盗名
名存实亡		亡魂丧胆
胆颤心惊		惊慌失措
措手不及		及时行乐
乐在其中		中饱私囊
囊空如洗		洗耳恭听
听天由命		命中注定
定倾扶危		危机四伏
伏虎降龙		龙争虎斗
斗智斗力		力尽筋疲
疲于奔命		命小福薄

查查成语·小词典

兵多将广： 兵将众多。形容军队人员多，兵力强大。

广结良缘： 多做善事，以得到众人的赞赏。

缘木求鱼： 缘木：爬树。爬到树上去找鱼。比喻方向或办法不对头，不可能达到目的。

鱼死网破： 不是鱼死，就是网破。指拼个你死我活。

破绽百出： 比喻说话做事漏洞非常多。

出尘不染： 比喻身处污浊的环境而能保持纯洁的节操。

染风习俗： 指受风俗影响而有所习染。

俗不可耐： 俗：庸俗；耐：忍受得住。庸俗得使人受不了。

耐人咀嚼： 指耐人寻味。

嚼墨喷纸： 本是传说，后形容人能写文章。

纸上谈兵： 在纸面上谈论打仗。比喻空谈理论，不能解决实际问题。也比喻空谈不能成为现实。

兵不厌诈： 厌：嫌恶；诈：欺骗。作战时尽可能地用假象迷惑敌人以取得胜利。

诈取豪夺： 用欺骗的手段或武力夺取。

夺门而出： 夺门：破门，奋力冲开门。猛然奋力冲开门出去。形容迫不及待。

出口成章： 说出话来就成文章。形容文思敏捷，口才好。

章句之徒： 指不能通达大义而拘泥于辨析章句的儒生。

徒劳往返： 徒劳：白花力气。来回白跑。

返老还童： 由衰老恢复青春。形容老年人充满了活力。

童叟无欺： 童：未成年的孩子；叟：年老的男人；欺：蒙骗。既不欺骗小孩也不欺骗老人。指买卖公平。

欺世盗名： 欺骗世人，窃取名誉。

名存实亡： 名义上还存在，实际上已消亡。

亡魂丧胆： 形容惊慌恐惧到极点。

胆颤心惊： 战：通"颤"，发抖。形容十分害怕。

惊慌失措： 失措：失去常态。由于惊慌，一下子不知怎么办才好。

措手不及： 措手：着手处理。来不及动手应付。指事出意外，一时无法对付。

及时行乐： 不失时机，寻欢作乐。

乐在其中：喜欢做某事，并在其中获得乐趣。

中饱私囊：中饱：从中得利。指侵吞经手的钱财使自己得利。

囊空如洗：口袋里空得像洗过一样。形容口袋里一个钱也没有。

洗耳恭听：洗干净耳朵恭恭敬敬听别人讲话。请人讲话时的客气话。指专心地听。

听天由命：由：听从，随顺。听任事态自然发展变化，不做主观努力。也比喻碰机会，该怎么样就怎么样。

命中注定：迷信的人认为人的一切遭遇都是命运预先决定的，人力无法挽回。

定倾扶危：倾：危。扶助危倾，使其安定。指挽救国家于危难之时。

危机四伏：到处隐藏着危险的祸患。

伏虎降龙：伏：屈服；降：用威力使之屈服。用威力使猛虎和恶龙屈服。形容力量强大，能战胜一切敌人和困难。

龙争虎斗：形容斗争或竞赛很激烈。

斗智斗力：斗：争斗；智：智慧，聪明；力：气力。用智谋来争胜负，凭力气分胜负。

力尽筋疲：精神疲乏，气力用尽。形容精神和身体极度疲劳。

疲于奔命：原指因受命奔走而搞得很累。后也指忙于奔走应付，弄得非常疲乏。

命小福薄：福分浅薄，命运不好，无福消受。

成语故事大观园

缘木求鱼

　　战国时，孟子问齐宣王："大王心目中最大的愿望是什么？"齐宣王知道孟子要来说服自己，所以他笑而不答。孟子接着问："是因为食物不够肥美，衣服不够轻缓，还是色彩不够艳丽，音乐不够美妙？要不就是因为身边伺候的人不够使唤吧？这些，臣子们都能给您提供，难道您真是为了这些吗？"齐宣王说："不，我不是为了这些。"孟子接着说："那您最想要的，一定就是开疆拓土，收服秦国、楚国，统治天下，安抚边疆。不过，以您现在的做法，就像爬到树上去捉鱼一样啊。"齐宣王吃了一惊，忙问："为什么？"

　　孟子连忙说："大王想统一天下，是以弱击强，只会给自己带来灾祸。可如果大王能实行仁政，使天下做官的人都想到您的朝廷里来做官，天下的农民都想到您的国家来种地，天下的生意人都想到您的国家来做生意……这样，天下还有谁能够与您为敌呢？"

趣味游戏乐翻天

一、成语接龙考考你

稀　世　珍　□　刀　不　□　成　持　□

于

□　路　以　□　光　短　□　见　　　　泰

大　　　　　　　寡

关　□　诛　奉　承　　　　　　　穷

　　　　　　　　　　　　过　水

平　　　不　　　　　　　则

落　　　正　　　　　　　　　人

　　　内　杀　□　望　出　皆

活

龙　□　逢　处　□　义　断　□　之　遇

二、猴子摘桃

请将下列成语中正确的字挑出来并在其前面划勾。

暗 渡/度 陈仓　　按 部/步 就班　　变 换/幻 莫测

唉/哀 声叹气　　暗/黯 然神伤　　搬/班 门弄斧

雷 厉/励 风行　　和 颜/言 悦色　　兵 慌/荒 马乱

三、火眼金睛

下面的成语当中都有一个错别字，请将它找出来。

风声鹤戾（　）　　　　估名钓誉（　）

甘败下风（　）　　　　锋芒必露（　）

究由自取（　）　　　　宣宾夺主（　）

克敌致胜（　）　　　　老生长谈（　）

附录　参考答案

第一章　趣味数字游乐园

一、成语接龙考考你

鸡 打 平 坐 天 漫 心 怡 得 手 蹈 故 深 出 死 生 息 游

二、填数字组成语

一干二净　独一无二　不三不四　说三道四　五颜六色
五音六律　七零八落　横七竖八

三、看图猜成语

三头六臂　九牛一毛　朝三暮四　一举两得　七上八下　三言两语

第二章　小动物和你大联欢

一、成语接龙考考你

长 入 分 礼 来 明 胆 天 网 面 色

二、十二生肖归各位

马 鸡 猪 虎 兔 蛇 羊 牛 鼠 龙 猴 狗

三、填动物组成语

鹤 虎 鳖 蛛 雀 狮 鲸 蛾 鹏 豹 鱼 蝇 鹦鹉 象 虾
蝉 凤 狐 龙 蜻蜓 鸠 猿 蚌 蚍蜉

第三章　五彩植物观光园

一、成语接龙考考你

舍 远 高 长 久

二、梅兰竹菊连连看

梅：梅妻鹤子　望梅止渴　盐梅之寄　　兰：金兰之友　吐气如兰　蕙质兰心

竹：势如破竹　胸有成竹　竹篮打水　　菊：菊老荷枯　持螯封菊　春兰秋菊

三、看图片选成语

第一幅：牡丹：国色天香　刘禹锡　　　第二幅：松树：四季常青　白居易

第三幅：荷花：出水芙蓉　杨万里　　　第四幅：柏树：傲骨峥嵘　杜甫

第五幅：小草：绿茵遍地　韩愈

第四章　四季风光美如画

一、成语接龙考考你

身　境　生　息　人　沸　扬　外　明　身　轻　知　求　国　计　穷
流　语　长

二、成语连连看

春：春暖花开　绿草如茵　　　夏：烈日炎炎　骄阳似火

秋：秋色宜人　雁过留声　　　冬：白雪皑皑　银装素裹

三、看图片选成语

第一幅：红叶缤纷　　第二幅：银装素裹　　第三幅：绿树成荫

第四幅：春光明媚

第五章　缤纷色彩更鲜艳

一、成语接龙考考你

诗　意　长　入　分　取　民　膏　地　稠　众

二、连线补成语

紫　黑　绿　白　赤　黄　蓝　青　橙

三、看图选成语

第一幅：红红火火　　第二幅：漆黑一团　　第三幅：青梅竹马

第四幅：赤地千里　　　第五幅：绿水青山　　　第六幅：洁白无瑕

第七幅：白驹过隙　　　第八幅：一碧千里

第六章　风霜雨雪晚来急

一、成语接龙考考你

成　千　逢　吉　意　发　强　难　分　争

二、成语连连看

风：风驰电掣　北风呼啸　　　霜：履霜之戒　饱经风霜

雨：雨后春笋　雨过天晴　　　雪：鹅毛大雪　囊萤映雪

三、补充成语

雨　风　雪　霜

第七章　东南西北乐无边

一、成语接龙考考你

指　待　物　用　地　博　今　比　是　非

二、成语连连看

北　西　南　东　西　南　东　北

三、看图猜成语

声东击西　　先礼后兵　　落井下石　　日上三竿　　左顾右盼　　里应外合

第八章　探秘日月与星辰

一、成语接龙考考你

知　乐　生　息　人

二、根据图片补充成语

如日中天　　斗转星移　　明月入怀　　吉星高照　　红日当空　　满天繁星

闭月羞花　指日可待　披星戴月　寥若星辰　日上三竿　花好月圆

三、选成语填句子。

星罗棋布　骄阳似火　炎炎夏日　狂风烈日　水中望月　日积月累
日新月异　星火燎原

第九章　体育运动竞技场

一、成语接龙考考你

了　掌　珠　合　横　撞　鼓　游　余　梁

二、填动词组成语

画　结　指　抢　捉　挑　藏　刻　杀　驾

三、成语搭配

喝得：烂醉如泥　打得：鼻青脸肿　讲得：深入浅出　看得：津津有味
哭得：伤心欲绝

第十章　人体器官分布图

一、成语接龙考考你

美　年　知　乐　悲　人　背　明　身　轻　知　言　物　聚　神
尾　掉　心

二、补充成语

胆　耳　手　嘴　肝　头　膝　牙

三、看图猜成语

第一幅：悬梁刺股　　第二幅：捶胸顿足　　第三幅：目不转睛
第四幅：眉开眼笑

第十一章 益智谜语猜猜猜

一、成语接龙考考你

花　语　心　心　宣

二、补充成语

1、此曲只应天上有…………不同凡响
2、手机不能掉水里…………机不可失
3、十五个吊桶打水…………七上八下
4、泵…………水落石出
5、只求质量…………宁缺毋滥
6、伯乐相马…………志在千里
7、唐僧的书…………一本正经
8、脸谱全集…………面面俱到

三、成语猜谜语

一世之雄　事出有因　大刀阔斧　先入为主　一见钟情　高朋满座

第十二章 地名也来做游戏

一、成语接龙考考你

胜　握　欢　舞　墨　规　步　营　弊　清　为

二、补充成语

天津　济南　长春　西安　开封　海口　贵阳　宁波　上海　吉林

三、根据地名猜成语

一路平安　风平浪静　夸夸其谈　双喜临门　长生不老　突飞猛进
大江东去　倾盆大雨　兵强马壮　不冷不热

第十三章　歇后语也能猜成语

一、成语接龙考考你

就 事 因 福 海 空 风 年 久 名 实

二、读歇后语猜成语

身败名裂　穷途末路　一毛不拔　一清二白　自身难保　虚情假意

三、根据描述补全成语

有去无回　班门弄斧　路人皆知　少见多怪　原形毕露　认贼作父

第十四章　成语兄弟对对碰

一、成语接龙考考你

脚 地 天 日 异

二、判断成语

对 对 错 对 对 错 对 错

三、选择近义词

毛遂自荐、自告奋勇　沉鱼落雁、闭月羞花　百读不厌、脍炙人口
画饼充饥、望梅止渴　弹无虚发、百发百中　洞若观火、明察秋毫

第十五章　正反成语大 PK

一、成语接龙考考你

国 生 亡 牢 破 出 化 零 打 平 奇 论 赏 目 接 来
易 掌 珠

二、选填反义词

安分守己、惹是生非　数不胜数、屈指可数　一刀两断、藕断丝连
舍己为人、损人利己　大公无私、假公济私

三、补充成语

前、后　高、低　东、西　少、多　左、右　甘、苦　天、地　信、疑

特点：都是反义词

第十六章　文字叠叠乐无边

一、成语接龙考考你

闲　笔　花　貌　离　道　说　短　悍　顾　局　安　业　勤　问

十　心

二、选词填空

比比　步步　楚楚　绰绰　粼粼　漫漫　洋洋　脉脉

三、看图猜成语

第一幅：苍苍　　第三幅：冲冲　　第四幅：亭亭　　第五幅：开门

第十七章　玩玩心情大转盘

一、成语接龙考考你

丑　出　人　海　烂　泥　雕　计　人　梦　求

二、成语分类

高兴：喜上眉梢　神采飞扬　兴高采烈

悲伤：痛不欲生　肝肠寸断　悲痛欲绝

生气：忿忿不平　勃然变色　勃然大怒

害怕：心有余悸　大惊失色　战战兢兢

三、看图猜成语

第一幅：捧腹大笑　　第二幅：迫在眉睫　　第三幅：貌合神离

第四幅：小心翼翼

第十八章　朝朝暮暮无穷尽

一、成语接龙考考你

开 公 顾 义 天 设 地 摇 尾 掉 心

二、成语归类

早晨：雄鸡报晓　旭日东升　　　中午：烈日当空　骄阳似火

黄昏：日薄西山　暮色苍茫　　　夜晚：皓月当空　满天繁星

三、填入恰当的时间词

暮 朝 晨 夜 夜 朝 晨 暮

第十九章　一字多音很神奇

一、成语接龙考考你

高 节 食 化 有 终 事 亲 足 谋 人 济 堂 正 子

有 理 壮 云

二、给下面成语中的多音字注音

方兴未艾（ài）　　自怨自艾（yì）　　重蹈覆辙（chóng）　　语重心长（zhòng）

弹丸之地（dàn）弹冠相庆（tán）　当机立断（dāng）　安步当车（dàng）

翻江倒海（dǎo）倒背如流（dào）　恶贯满盈（è）　　深恶痛绝（wù）

三、选择同音字

1，1

第二十章　古诗成语我的家

一、成语接龙考考你

路 遗 万 急 利

二、补充成语

晖 春 易 伦 匿

三、选成语填句子

不拘一格　春风得意　粉身碎骨　一掷千金　心有灵犀

1、心有灵犀　2、春风得意　3、粉身碎骨　4、一掷千金　5、不拘一格

第二十一章　大家一起来找茬

一、成语接龙考考你

宝　老　重　山　尽　知　恩　绝　生　虎　阳　道　目　浅　闻
喜　外　刚　阿

二、猴子摘桃

暗度陈仓　按部就班　变幻莫测　唉声叹气　黯然神伤　班门弄斧
雷厉风行　和颜悦色　兵荒马乱

三、火眼金睛

戾——唉　估——沽　败——拜　必——毕　究——咎　宣——喧
致——制　长——常